JN418308

영화와 다큐로 이해하는 사회복지 이슈들

영화와 다큐로 이해하는 사회복지 이슈들

김현경 지음

이담 Books

머리말

오늘날 우리가 살고 있는 사회문제는 개인이 인식하기도 전에 그리고 해결점을 찾기도 전에 확산되어 해결을 향한 사회공동체의 부단한 노력 이후에 서서히 변화되어가는 것을 알 수 있다. 하지만 문제해결 과정 동안 구제되지 못하고 희생되는 개인들의 고통은 이루 말할 수 없을 것이다. 문제를 문제로 인식하여도 해결과정은 복잡하고 상당한 시간이 소요되기 마련이다. 다양한 사회문제들 중에서 본 연구자는 우리 사회에서 좀 더 이해받아야 할 대상들에 대한 고민에 민감한 관심을 갖게 되었다. 그러한 문제 현상 중에서 학교의 주인공은 학생임에도 불구하고 학생의 인권이 보장되지 못하는 현실, 우리 사회의 소수자로서 정상가정 보존에 기여하고 있는 대리모 여성, 가부장적 가정의 틀을 의식적으로 깨어버린 비혼모 여성, 60여 년의 분단의 아픔을 증명하는 북한이탈여성, 가족해체와 근로빈곤으로 인해 청년기부터 시작된 거리노숙인을 바라볼 때 그들의 삶의 질의 개선이 필요하다고 인식하게 되었다. 따라서 본 연구자는 리틀맘이라고 불리는 십 대 엄마의 학습권 보장문제, 결혼이라는 제도를 거부한 채 모성만을 선택한 비혼모, 불임부부의 삶에 기여하는 대리모 여성, 북한 내에서-제3국에서-입국과정에서 충격적인 고통을 체험하게 되는 북한이탈여성, 그리고 청년노숙인을 선택하여 사회복지적 시각에서 그들의 체험을 드러내고자 하였다. 이는 클라이언트와 그들이 처한 환경 간의 이해를 학교복지 차원에서, 가족복지 차원에서, 여성복지적 차원에서, 정신건강 차원에서, 지역사회 차원에서 초점을 두고 고찰하고자 하였다. 본 연구자는 본 주제들을 영화와 다큐 내용을 소재로 활용하여 누구나 이해할 수 있을 만큼 아주 쉬운 문체로 전달하고자 노력하였다. 특히 관련 주제에 대한 클라이언트의 체험을 다룸으로써 비전공자라고 해도 사회문제에 관심이 있다면 이해하기에 무리가 없도록 하고자 하였다.

끝으로 본 연구자의 글을 책으로 출간해 주신 한국학술정보(주) 출판사 사장님과 김남동 선생님, 김매화 선생님, 홍은표 선생님께 감사드리며 출간되기까지 수고해주신 모든 분께 감사의 마음을 전합니다.

2011년 3월 새봄의 기운을 느끼며…

저자 김현경

차 례

ANCING ELK
24
1974

제1장 십 대 엄마의 학습권 보장

오늘날 십 대 청소년의 신체발달은 조숙해지고 성경험 연령은 점차 낮아져서 성적 상상을 동반시키거나 성적 경험과 관련 있는 음란물에 접촉하는 시기는 초등학교 때가 23.8%, 중학교 때가 51.5%에 이르고 있는 것으로 나타났다. 특히 성관계 경험의 시작연령은 14.2세로 나타났으며 성관계 경험 비율은 십 대 청소년의 5~10%에 이르는 것으로 보고되었다. 성관계경험이 있는 여학생 중 임신 경험이 있는 경우가 13.8%이며(이하 청소년성문화센터, 2007), 십 대 미혼모가 전체 미혼모의 33.2%로 조사되었다. 미혼모 중 고교 중퇴 이하가 35.3%, 고졸이 47%, 대학 재학 이상이 17.7%로 나타나 중고교 재학 중 임신으로 인한 자퇴나 퇴학으로 학업중단을 경험하는 청소년의 비율이 높다는 것을 알 수 있다(여성가족부, 2005).

또한 입양아동과 요보호 아동의 대다수가 십 대 미혼모의 아동이라는 점에서 십 대들의 임신 실태를 가늠할 수 있다. 하지만 전체출산의 10%를 넘어서는 십 대 임신은 이미 세계적인 추세라 할 수 있다. 미국의 경우 2006년 20세 미만 여성 750,000명이 임신하였고, 그 중 15~19세 여성 1,000명당 152.8명이 임신한 것으로 나타났다. 즉,

15~19세 여성의 15% 이상이 임신 경험이 있는 것으로 나타난 것이다. 또한 2006년 십 대 여성의 출산은 1,000명 당 41.9명으로 나타났다(Kost, Henshaw and Carlin, 2010). 한국도 1980년대 이후 20대 미혼모의 비율이 낮아지면서 십 대 미혼모 일명 '리틀맘' 관련 사이버 커뮤니티만도 79개, 가입회원 수는 24만 명에 이르고 있다(서정애, 2010, p.32). 십 대 미혼모가 놓인 공통적인 사회적 맥락은 부모의 경제적 지원이 거의 불가능한 저소득층 가족문화, 돌봄과 안정감이 상실된 가족으로부터 가출하여 동거를 통해 새로운 가족을 형성함으로써 독립가구를 만들기도 한다. 그리고 미래에 대한 전망이 부재한 저소득층 청소년의 경우 학교라는 곳이 삶에서 중요한 자원이 되지 않는다고 인식하면서도 동아리활동, 친구관계, 교복입기 등에 대한 애착을 보이기도 한다. 다수의 십 대 청소년 미혼모는 임신을 했다는 이유로 학교에서 자퇴를 권고하는 상황이 아니라면 굳이 벗어나고 싶은 공간도 아닌 것이다(서정애, 2010, p.35).

그럼에도 불구하고 한국사회에서 십 대 청소년 미혼모의 교육권을 인정하지 않았던 이유는 청소년 임신에 대한 사회의 윤리적 잣대에 있다고 보인다. 학교 교사, 학교사회복지사, 청소년 미혼모의 가족조차도 청소년 미혼모에 대해 거부적인 태도가 있었고 청소년 미혼모도 임신 사실이 친구에게 알려지는 것이 두려웠다고 보고되었다(한상순, 2010, pp.41~50). 2009년 국가인권위원회 실태조사 결과 미혼모 중 87.6%가 학업을 지속할 뜻이 있었다고 한다. 하지만 이들의 71.4%는 임신 당시 이미 학업을 중단하였으며, 임신 사실을 학교에 알린 상당수는 휴학이나 자퇴 등을 권유받아 학업을 지속할 수 없었던 것으로 밝혀졌다(경향신문, 2010. 3. 17). 십 대 청소년 미혼모는 사회적 일탈로 낙인찍혔기에 친권 및 양육권뿐만 아니라 자신의 교육권조차 도 포기해야 하는 사회적 조건에 처해있다. 그럼에도 불구하고 국내 선행연구에서 십 대 청소년 미혼모의 학습권에 관련하여 자신의 언어를 반영한 연구는 거의 드물다. 본 연구에서는 십 대 청소년 미혼모가 임신으로 인해 학교로부터 박탈당한 학습권을 회복하고자 분투 노력하는 체험적 현상에 대한 의미와 구조를 밝히고자 한다. 이러한 연구의 실행은 십 대 청소년 미혼모의 경험을 있는 그대로 존중하고 이해하여 학교 및 청소년 관련 실무자들과 정책입안자들의 인식의 지평을 확장시키는 데 목적이 있다.

우선 십 대 미혼모의 현황을 이해하는 것으로부터 시작하고자 한다. 청소년의 이성교제 기회가 많아지고 대중매체를 통한 성적 자극이 반영되면서 십 대 청소년들의 임신과 출산은 심각한 사회문제로 떠오르고 있다. 건강보험심사평가원의 통계결과에 따르면 2008년 한 해 동안 19세 이하 청소년의 출산은 3,300여 건이며, 2002년에서 2006년까지 만 19세 이하 청소년이 출산한 영아는 17,317명에 이르는 것으로 나타났다. 해마다 약 3,500여 명의 십 대 청소년들이 출산하는 것으로 추정되며 미혼모 시설 입소자의 58.5%가 십 대인 것으로 나타났다(홍순혜, 2010, p.53).

십 대 임신에 있어 가족관계의 악화, 이혼 등과 같은 가족해체, 가족의 빈곤, 성에 대한 폐쇄적인 부모의 태도, 부모－청소년자녀 간의 의사소통 부재, 또래 집단의 압력 등이 십 대 임신을 증가시키는 위험요인이 되고 있다. 십 대 임신은 혼외 관계에서의 임신이 대부분이기 때문에 당사자가 심한 긴장과 불안을 경험하고 자포자기하는 경향이 생기게 되어 결국 행복하지 못한 결혼생활을 할 가능성이 크다(정현숙·유계숙·어주경·전혜정·박주희, 2002, pp.339~341). 또한 외부의 부정적인 태도로 사회활동에서도 불이익을 경험하게 되는데 무엇보다 심각한 문제는 학업 중단으로 인해 장래임금이 낮아지고, 불안정한 비전문직에 고용될 가능성이 크다는 점이다. 이로 인해 많은 십 대 미혼모 가족들이 장기간에 걸친 경제적 어려움을 경험하게 되며 국가보조를 받고 살아가는 처지에 놓이게 되는 것이다. 따라서 청소년 전문가들은 십 대모의 안정된 생활을 위해서 십 대 엄마에게 교육기회를 제공하는 것이 중요하다고 지적한다. 십 대 엄마에 관한 미국연구결과(Harris, 1991, pp.261~273) 고등학교를 졸업하거나, 졸업 후 후속교육기관 및 직업훈련원에서 교육훈련을 받거나, 사회관계망으로부터 도움을 받을 수 있는 십 대 미혼모는 그렇지 못한 상황에 있는 십 대 미혼모에 비해 보다 안정적인 직업을 가질 가능성이 훨씬 높고 국가나 사회보조를 받으며 살아가는 기간이 짧은 것으로 나타났다.

십 대 미혼모들은 낮은 사회경제적 지위, 교육기회의 제한, 가족 간의 갈등과 해체, 이웃과 주변의 열악한 환경, 그들을 거부하는 학교 환경 등 십 대 엄마 가족이 처해있는 생태학적인 상황들이 복합적으로 작용하여 십 대 미혼모 자신의 삶뿐만 아니라 자녀양육에 부정적인 영향을 미치게 된다. 그러나 십 대 미혼모가 출산한 자녀들이 모두 문제를 경험하는 것은 아니다. 십 대 미혼모가 고등학교 교육을 마칠 수 있고, 비교적 부모로서의 적응을 잘하고, 재 임신을 하지 않고, 경제적으로 다른 사람으로부터의 도움 없이도 살 수 있는 형편이 되는 경우 십 대모의 자녀는 학교생활에 잘 적응하면서 행동상의 문제를 거의 보이지 않는 것으로 나타났다(Luster, Perlstadt, Mackinney,

Sims and Juang, 1996, pp.255~264).

어린 나이에 양육자가 되었다는 사실 자체보다는 십 대에 부모가 되는 것과 관련된 여러 환경요인 및 가족요인이 십 대 부모가 부모의 역할을 하는 데 더 큰 영향을 줄 수 있다. 십 대 미혼모는 사춘기와 임신, 출산, 부모 역할, 결혼이라는 과제까지 많은 역할 전이를 동시에 혹은 짧은 시간 내에 경험하기 때문에 극도의 스트레스를 받게 된다. 또한 십 대 임신은 대부분 계획된 것이 아니기에 부모가 될 준비가 되어 있지 않으며, 아동양육에 필요한 지식과 기술도 부족하다. 정리하자면 십 대 엄마의 부모로서의 유능성은 십 대 엄마의 개인적 요인, 아동요인 그리고 가족요인과 관련된 것으로 보인다. 십 대 엄마의 자아존중감, 교육수준, 지능, 엄마 역할에 대한 지각, 자녀양육에 대한 태도와 교육 참여, 부모교육을 받은 경험 등이 포함된다(Dalla and Gamlbe, 1997, pp.113~121). 출산자녀의 수, 아이 아버지와의 접촉과 지원, 가족, 친구, 지역사회, 학교교사 및 상담가 등으로부터의 지원이 십 대모의 적응과 역할수행에 중요한 자원이 된다. 십 대모의 불행한 성장발달사, 빈곤, 과도한 스트레스 등의 위험요인들이 미숙아 출산으로 이어질 경우 십 대모의 아동학대 가능성을 더욱 증가할 것이다.

그렇다면 십 대 엄마의 학습권에 대한 학교와 교육기관, 당사자의 입장은 어떠한가? 최근 상영한 독립영화 <시선 1318> 중에서 <릴레이: 2008, 이현승 감독>, <과속스캔들: 2008, 강형철 감독>, <제니, 주노: 2005, 김호준 감독>의 내용을 살펴보면 우리 사회의 십 대의 결혼, 십 대 미혼모의 삶이 드러난다.

〈제니, 주노: 2005, 김호준 감독〉[1)]

우리 사회에서는 지금까지 십 대 미혼 엄마의 학습권 보장을 위한 법적 방안 마련이라든지, 관련 서비스 및 프로그램 제공의 필요성에 대해 청소년 미혼모 당사자의 심리사회적 성장을 고려하기보다는 교육 당국 중심의 결정에 따라왔다. 하지만 국외 선진국에서는 청소년 미혼모의 교육권을 보장하는 정책 및 서비스 프로그램 등이 구축되어 이미 오래전부터 실행되고 있는 상태이다. 본 장에서는 미국, 영국, 독일, 대만, 그리고 일본을 중심으로 실행되고 있는 청소년 미혼모 학습권 관련 내용들을 살펴보고자 한다(국가인권위원회, 2010, pp.21~28).

우선 미국의 청소년 미혼모 정책을 살펴보면 다음과 같다.

---

1) 우리 사회의 십 대 청소년의 성, 사랑, 임신과 출산에 따른 학교생활의 부조화를 그리고 있다.

첫째, 교육권 보장 정책이다. 1972년 교육부에서는 '미국의 모든 소녀는 자신의 직업과 가족생활 그리고 시민생활을 준비하기 위해 자신들의 교육받을 권리와 욕구를 가지고 있다. 결혼을 했거나 임신했다는 것이 그녀에게 교육과 건강한 시민이 될 수 있는 기회를 박탈한 충분한 이유가 될 수 없다'는 성명서를 발표하였다. 또한 같은 해 교육법안 제9조(Title IX: 1975년 7월 효력발생)에서 연방기금을 받는 학교는 단지 임신 또는 임신과 관련된 조건에 근거하여 학생을 교육에서 제외시키는 것을 금지한다고 명시하였다. 1996년 PRWORA(Personal Responsibility and Work Opportunity Reconciliation Act: 개인적 책임과 근로기회에 관한 법안)에서 각 주가 혼인 외 출산을 예방하고 교육프로그램을 강조하도록 요구하고 있다. 십 대 부모들은 시간 제한적이고 노동을 요구하는 요보호 가족에 대한 한시적 지원(Temporary Assistant for Needy Families)을 받을 수 있다. 하지만 이 지원은 학교에서 학업을 지속하고 어른이 보호하는 집에서 거주할 것을 요구하여 고등학교를 다니지 않거나 이에 상응한 프로그램에 참여하지 않을 경우 기금을 지급하지 않는다.

둘째, 학업지속을 위한 서비스 및 프로그램이다. 일반학교 내 교과교육프로그램(Teenage Parenting Program)은 임신한 청소년 교육을 위한 가장 일반적인 프로그램이다. 임신 때문에 학교를 중퇴하는 것을 방지하고 임신 기간 중 학업을 계속하도록 돕기 위한 의료서비스와 사회복지서비스 등을 제공한다. 학교 내 십 대 미혼모를 위한 특별학급과 탁아시설을 운영하여 학업과 육아성취, 양육을 위한 준비, 아동에 대한 보호까지 포함한다. 주 지원학교기반 서비스(LEAP: Learning, Earning & Parenting)는 학교 또는 GED(검정고시, General Educational

Development) 프로그램에 등록하는 십 대 미혼모에게 재정적 인센티브를 준다. 또한 사례관리자를 배정하여 십 대 미혼모의 학교 출석 장애물을 확인하여 도와준다.

셋째, 대안학교 모델이다. 백인 밀집지역과 같이 미혼모 발생비율이 낮은 지역에서는 십 대 미혼모만을 위한 특수고등학교(Mother High)를 별도로 설립하여 운영하고 있다. 미국 대안학교 모델 사례 중 플로리다주 COPE(Continuing Opportunities for Purposeful Education)프로그램과 덴버시의 Florence Crittenton School의 내용을 살펴보면 다음과 같다. COPE는 십 대 미혼모 학내 보건센터와 아동보육센터 마련 및 차량이동서비스 제공을 해주고 있다. 또한 건강보호, 교육, 아동양육 훈련 및 산전후 교육, 가족계획, 상담, 지역사회연계, 대학교육과정, 취업상담 및 훈련, 졸업지원을 주된 서비스 내용으로 한다. Florence Crittenton School에서는 교내 탁아시설, 십 대 부와 자녀 유대감 서비스, 검정고시 준비 수업 및 튜터링 지원, 유아 및 아동 학습센터, 가정이 없는 어린 가족을 위한 주거서비스를 제공한다. 또한 십 대 미혼모를 위한 비영리기관 Parent Pathway의 중고등학교 프로그램으로 매년 약 250명의 미혼모와 60여 명의 미혼부에게 양육 및 아동발달교육, 중등과정 수업, 덴버 공립학교 학점 취득 및 고등과정 수업, 경력계획 및 직업준비 훈련, 직업교육 실시, 개별상담, 아동조기교실 운영, 차량이동서비스 등을 제공한다.

넷째, 학교 및 지역사회 기반 프로그램이다.

지역사회 미혼모 복지기관 등에서는 십 대 청소년 부모를 대상으

미국의 십 대 엄마의 성장과정을 그린 영화
〈Juno, 2008: 제이슨 라이트먼 감독〉2)

로 일상생활 기술과 상담심리치료를 통한 재사회화 및 정서적 지지, 의료보호 등을 제공한다. Giorgia주에서는 십 대 미혼모들에게 육아건강, 양육, 재정지원 편성, 식품 구입과 준비 등과 같은 기본적 가정운영 기술을 가르치며, 자신감훈련, 성교육훈련, 갈등해결훈련, 약물남용방지훈련 등을 통해 예비성인을 향한 준비를 제공한다.

다음은 영국의 청소년 미혼모 정책을 살펴보고자 한다.

첫째, 교육권 보장 정책이다. 16세 미만의 미혼모들이 교육을 마치는

2) 주노는 임신 상태에서도 당당히 학교를 다닌다는 점이 우리나라 학교문화와의 차이점이다. 결국 아기를 위해 양부모를 찾아 입양 보내는 것으로 정리되긴 하지만…….

것을 의무화하고 이를 위해 아동보육서비스를 제공한다. 16~17세 미혼모 가운데 부모나 배우자와 함께 살 수 없는 미혼모들은 지도감독이 이루어지는 준 독립적인 주택에 살도록 의무화하였다. 출산전후 최대 18주 동안 학교 결석을 인정해주고, 본인이 그 학교를 계속 다니길 원하지 않을 경우 대안학교를 연결시켜주고, 가정교사 학습이나 상급학교 진학을 위한 학습이 가능하도록 지역교육청에서 지원하고 있다.

둘째, 학업지속을 위한 서비스 및 프로그램이다. 청소년 미혼모 학업지속을 위한 서비스인 '20 Sure Start Plus'는 청소년 미혼모에게 개별 상담전문가를 제공하고 미래를 위한 기회가 박탈되지 않도록 하며, 교육을 마침으로써 독립된 생활을 할 수 있도록 하는 것에 초점을 두고 있다. 출산 후 학업 유지를 위해 학습지원제도를 도입하고, 아이 돌봄 비용을 지불하여 주며, 지역사회조직과 연계하여 십 대 미혼모가 출산과 양육과정에서 학습권이 배제되지 않도록 지원한다. 직업훈련 등을 통해 자립심을 키워주는 방향으로 개입하고 있다. 1999년 교육부 산하에 'The Teenage Pregnancy Unit'을 두어 서비스 전달 및 운영의 주체로서 활동하도록 하고 있다. 보건부, 교육부, 부총리실, 고용 및 연금과, 가정과가 공동 부담하여 2000년에서 2002년까지 약 6천만 파운드의 재정을 지원하였다.

청소년 미혼모를 위한 교육과 훈련을 위해 정부는 청소년 미혼모가 교육에 참여할 수 있도록 실천지침서를 제작하여 발간하였다. 십 대 임신관련기금(Teenage Pregnancy Standards Fund)을 설립하여 청소년 미혼모를 지원하기 위해 학교에 연간 5백만 파운드(약 88억 원)를 지원하였다. 또한 청소년 미혼모가 보육을 포함한 학습 장벽들을 극복하고 학업, 직업훈련, 고용에 복귀할 수 있도록 지원하는 시범사업을 운영한 바 있다. 또한 '교육유지수당(Education Maintenance Allowance: EMAS)'은 최대 3년까지 지원받을 수 있으며, 청소년들이 학업을 계속할 수 있도록 주급으로 수당을 제공하고, 학업 성취에 따른 보너스도 제공함으로써 청소년들의 학습 잠재력을 극대화할 수 있도록 도와주고 있다.

청소년 미혼모를 위한 소득지원으로서 '20 Sure Start Plus'시범사업은 개별 전문상담가를 제공해주면서 십 대 아버지가 교육에 참여할 수 있도록 노력하였다. 청소년 미혼모의 소득 보존을 위해 18세가 되었을 때 '소득지원 및 고용촉진수당(Incomes Support and Job Seekers Allowance)'을 25세 이상이 받는 비율로 받도록 하고 있다. 18세 이하 청소년 미혼모는 아동수당 및 가족수당과 같은 또래의 청소년들보다 두 배 많은 실업수당을 받는다. '한 부모 가정에 대한 새로운 대책(New Deal for Lone Parents)'에 참가하고 있는 한 부모 가정의 부모는 근로를 할 경우 아동보육에 대한 비용을 지원받으며 직업훈련을 받을 시 주당 15파운드의 훈련비용을 지원받는다. 청소년 미혼모는 '아동양육 세대감면(Children Tax Credit)'을 청구할 수 있으며, 미혼모의 아동이 그들의 조부모와 생활하게 될 경우 조부모들이 세제감면을 청구할 수 있다.

청소년 미혼모를 위한 주택지원으로서 18세 이하이면서 부모 또는 파트너와 동거할 수 없는 십 대 부모 가장은 주거공간을 제공받을 수 있다. 주택 프로젝트는 주거공간 제공과 더불어 효과적인 예산 관리 및 부모교육을 함께 제공하여 독립적인 생활을 할 수 있도록 지원하는 것을 목적으로 한다. 주거시설은 24시간 현지 지원을 받는 호스텔에서부터 독립적인 아파트 등의 지원이 가능하다.

Thunderland에서 실행되고 있는 '젊은 부모 프로젝트'에서는 16세 미만 청소년 미혼모에게는 정규학교에 다닐 수 없는 경우를 위해 주3회 수업을 제공하며, 보건방문자가 주1회 1시간씩 방문하며, 조산원 지원이 2주마다 1회씩 산전관리 프로그램을 제공하고 있다. 16세 이상 청소년 미혼모 대상으로는 탁아소를 주3일(화, 수, 목) 개원하여 자녀들이 탁아소에 있는 동안 미혼모들은 수업에 참여할 수 있도록 해주며, 수업은 Bride Connect를 통해 1주일에 2일, 약 30주 동안 운영하여 미혼모들이 자아존중감 및 자신감을 향상시키면서 자격증을 취득하도록 돕고 있다. 공예, 요리, 부모교육, 개인위생 및 여가, 놀이 활동, 안전에 관한 내용을 수업에 다루고 있으며 탁아소가 문을 닫는 월요일과 금요일에는 아동과 함께 할 수 있는 활동을 제공하고 있다. 방문센터에서는 친구들, 주택지원 담당자, 보건방문자, 경력연결 조언자 등 전문가를 만날 수 있는 기회를 제공하며 장난감도서관 서비스도 제공하고 있다.

다음은 독일의 청소년 미혼모 정책을 살펴보고자 한다.

첫째, 교육권보장 정책이다. 아동청소년지원법(Kinder-and Jugendhilfegesetz: KJHG)에 의해 십 대 청소년들이 미혼부모가 되었을 때 겪을 수 있는 문제들, 즉, 학교 교육의 지속, 다른 가족 구성원과의 관계, 보육시설 이용 기회의 제한 등을 해결할 수 있는 사회복지정책을 마련하였다. 아동청소년은 개인적, 사회적 차원에서 성장하기 위한 도움과 어려운 삶의 상황에서 벗어날 수 있는 도움을 받을 권리가 있음을 명시하고 있다(KJHG 제1조 3절). 독일에 거주하는 만3세 이상 6세 이하 아동은 적절한 보육시설에서 보호받을 권리가 있고, 청소년 미혼부모가 취업 교육과정에 있거나 취업활동을 하고 있는 경우에는 다른 아동보다 우선하여 보육시설을 이용할 수 있는 권리를 갖는다(제24조).

14세 이상 18세 미만 청소년은 사회통합과 자주적인 삶을 살아가는 능력을 키우기 위하여 개별적이면서 집중적인 보호를 받을 권리인 사회교육적 개별보호의 권리(사회법적 8권)를 갖는다. 또한 혼인 여부와 관계없이 여성이 부양해야 할 아동을 데리고 가계를 이끌어가는 경우 모두를 포함하여 '독신모' 개념을 사용하며 십 대 독신모의 경우 학업을 유지하면서 육아를 할 수 있도록 시설거주를 권장하고 있다. 모성보호법에 따라 임신출산 때 고용보호 및 모성보호수당을 받을 수 있으며, 아동수당법에 의해 무상보상의 개념으로 아동수당을 지급하고 있다. 또한 소득세법 제24조에 의해 취업활동으로 생기는 아동보호비용을 지원하며, 아동청소년지원법에 의해 최저생계비 보조와 주거수당에 제공된다. 각 주의 교육법에 따라 수업자료가 무상지원되며 임신출산으로 인한 결석 시 출석처리 및 휴학이 인정된다.

둘째, 학업지속을 위한 서비스 및 프로그램(거주시설 서비스 중심)이다. 시설에서 보호자와 보호를 받는 십 대 독신모의 비율은 2:1을 넘지 않으며, 보호자는 보육사, 사회교육사, 사회복지사 등으로 구성되어 있다. 아이의 식생활을 돌봐주고 독신모가 학교에 갈 준비를 스스로 할 수 있도록 지도하는 것을 시작으로 하여, 독신모가 학교에 간 사이에 0~3세 아이는 시설근무 아동보육사가 돌봐주고 방과 후 독신모가 양육을 전담한다. 학교에서는 임산출산 사유로 학교를 못 다니게 되었을 경우 또는 다니고자 하는 의향이 없을 경우에는 병결로 취업, 출석으로 처리하며 휴학도 인정해주고 있다. 학교 교육에 필요한 자료와 도구를 무상으로 지원한다.

아시아지역인 대만의 청소년 미혼모 정책을 알아보면 다음과 같다. 청소년 미혼모의 임신 및 출산율이 높아지면서[3] 청소년 미혼모에 대한 인격적 차별 및 낙인으로 인해 학업을 중도 포기하는 학생이 증가하자 출산휴가 정책을 도입하였다. 기본적으로 교육에 대한 권리와 자기 몸에 대한 권리는 보장해 주어야 한다는 점이다. 임신을 이유로 불량학생으로 낙인찍어서는 안 되며 이것은 학생에 대한 인격적 차별임을 강조하고 있다. 또한 성평등교육법(2004)에 따라 학교는 임신한 학생의 교육 받을 권리를 보호할 의무가 있으며 필요한 경우 도움을 제공해야 한다(제14조). 임신한 학생이나 출산한 학생을 위해 교내외 시설 구비, 교육과정을 이수할 수 있는 절차 마련, 상담서비스의 제공을 명시하고 있다(2005, 성평등법시행령 11항). 2007년 9월부터 교육부에서 출산 휴가제를 시행하여 56일간의 출산휴가를 신청할 수 있고 최장 2년의 육아휴가를 신청할 수 있다. 출산 및 육아휴가 기간을 결석처리 하지 않으며 이 기간 동안 성적은 휴가 후 재시험으로 대체할 수 있다. 정부시책에 따라 임신한 학생을 위한 편의시설(임산부전용 책상 마련 등)을 구비한 직업고등학교 및 십 대를 위한 산부인과 클리닉을 운영하고 있다.

또한 일본의 청소년 미혼모 정책은 중고등학교 학생을 대상으로

3) 대만의 미성년 임신비율은 12.95%, 싱가포르 8.0%, 일본 4.0%, 한국 2.8%에 비해 높은 편임(국가인권위원회 공개토론자료집, 2010).

성인이 되어 경제적으로 자립한 후 결혼하고 출산하여야 한다는 관점을 갖는다. 청소년 미혼모의 교육권 보장정책은 특별히 없고 교육보다는 자립지원교육훈련급여사업, 모자가정고등직업훈련촉진사업, 상용고용전환 장려급사업 등과 같이 취업지원을 위한 교육훈련에 초점을 두고 있다.

그렇다면 우리나라 청소년 미혼모 정책은 어떠한가? 우리나라 교육정책의 궁극적 법적 기반은 헌법이다. 헌법 조문에는 인간의 존엄 및 행복추구권, 평등권, 교육 받을 권리 등이 명시되어 있다. 특히 교육을 받을 권리는 중요한 생존권적 기본권의 하나로서 국민이 인간다운 생활을 하기 위하여 국가의 적극적인 배려와 급여를 요구할 수 있는 권리이다. 따라서 이를 생활권적 기본권이며 사회권적 기본권이라고도 한다. 또한 우리나라 교육법 제2장에서는 교육주체로서의 학생의 권리와 의무를 규정하고 있다. 이는 학생을 포함한 학습자의 기본적 인권이 학교교육 또는 사회교육의 과정에서 존중되고 보호되어야 한다고 명시되어 있다(홍봉선 · 남미애, 2009, p.76). 따라서 학습자로서의 청소년 미혼모 역시 교육시설을 이용하는 데 차별이 없어야 마땅한 것이라 볼 수 있겠다.

최근 몇 년간 국내 청소년 미혼모의 학습권(교육권)에 대해 국가인권위원회(2007, 2008)의 실태조사가 시행되었다. 하지만 소수의 십 대 청소년 미혼모가 국가인권위원회에 그녀들의 학습권이 인권과 관련됨을 방송매체로 알리면서(SBS, 2009. 5. 2.) 청소년 미혼모의 학습권 보장에 대한 전문가들의 인식 재고의 필요성이 강력히 대두되었다. 그리고 변귀연 · 김해래 · 이상희(2009, pp.1~22)의 청소년 미혼모의 교육권에 대한 교사들의 인식조사 및 국가인권위원회(2010)의 공개토론 보고서 정도가 있다.

국가인권위원회(2008)에서는 우리나라 청소년 미혼모들이 임신사실을 알게 되면서 학교로부터 자퇴를 권유받거나 스스로 학업을 지속할 수 없다고 생각하고 학업을 포기하는 상황임을 제시하였다. 따라서 청소년 미혼모들에 대한 교육권과 학습권 등 이들의 인권을 적극적으로 보호할 수 있는 방안을 마련하기 위해 교육기관에서의 청소년미혼모 처리에 대한 실태를 조사하고, 성공적으로 학습을 마친 사례를 발굴하여, 향후 청소년미혼모들의 적응을 위한 정책적 대안 마련의 필요성이 강조되었다. 변귀연 외(2009, pp.1~22) 연구는 청소년 미혼모에 대한 교사들의 인식 개선에 초점을 두고 있다. 교사들의 80%가 청소년 미혼모에 대한 자신의 인식이 부정적이라고 응답하였으며, 96%의 교사들이 청소년 미혼모의 임신은 청소년 개인의 책임이라고 응답하였다. 특히 출산과 관련이 없는 남자교사 및 평교사가 아닌 교장, 교감, 학생부담당 등의 교사, 임신 여학생에 대한 지도 경험이 전혀 없었던 교사가 청소년 미혼모에 대해 더욱 부정적인 인식을 갖고 있었다고 설명하였다. 또한 국가인권위원회(2010) 공개토론 보고서에서는 'SBS 그것이 알고 싶다: 선생님, 학교에 다니고 싶어요(제715회, 2009년 5월 9일)' 방영 이후의 조치들이 보완되어 청소년 미혼모 교육권 보장의 지원방안이 구체적으로 다루어지기 시작했다. 보건복지가족부는 청소년 미혼모에게 월 10만 원의 자녀양육비, 월 2만 5천 원의 의료비, 고등학교 이하 중퇴자의 검정고시학습비, 월 5만 원의 가구별 자산 형성 지원, 친자검사 지원비 등을 제공하고 있다. 하지만 학업중단을 전제로 한 검정고시 바우처제도 대신 십 대 청소년 미혼모를 위한 대안학교 설립을 제안하고 있다. 방송통신고등학교, 대안교육위탁교육, 직업위탁교육 등의 장치가 있으며, 교육청 학생안전통합시스템인 Wee프로젝트로서 Wee클래스, Wee센터, Wee스쿨과 유관기관과의 네트워크를 활용하면 공교육이 세밀하게 관심 갖지 못하는 소수 학생에 대한 개별화된 상담과 치유를 제공할 수 있는 교육의 접목이 될 것임을 제시하고 있다.

그렇다면 우리나라 십 대 엄마의 학습권 관련 체험은 어떠한지 알아보도록 하자.

본 연구의 참여대상은 시사다큐에 참여한 십 대 청소년 미혼모 두 명이다. 이들의 신원은 비공개되었고 대상자의 모습은 모자이크 자막 처리되었으며 음성도 변조 처리되었다. 참여자 1은 고등학교 3학년으로, 양가의 허락을 받아 결혼을 약속한 25세의 남성과 교제 중 임신하게 되어 강제퇴학 되었다. 참여자 2 역시 임신으로 강제퇴학 되었으며 현재 고등학교 3학년으로 9개월 된 아이와 함께 시설에서 거주하며 방송통신교육 과정을 밟고 있다. 관련 자료의 수집 방법은 부모의 돌봄을 제대로 받을 수 없었던 빈곤한 가정에서 성장한 십 대 여고생이 임신을 하게 되면서 강제퇴학당하지만 학습권을 회복하기 위해 노력하는 사례들을 중심으로 60분으로 구성된 미디어인 'SBS 그것이 알고 싶다: 선생님, 학교에 다니고 싶어요(제715회, 2009년 5월 9일)' 자료를 활용하였다. 본 자료는 십 대 청소년 미혼모가 강제퇴학으로 박탈당한 학습권을 회복해 가는 실제(reality)를 있는 그대로 진술하고 적극적으로 드러내고 있는 2차 자료를 수집하여 분석하였다.

십 대 엄마 1의 체험은 양가의 허락으로 결혼을 앞둔 남성이 있는 고3 여학생으로 임신확인 후 학교로부터 강제자퇴압력을 받게 된 사례이다. 십 대 엄마 2의 체험은 현재 미혼모시설에 거주하며 방송통신고에 재학 중인 고3으로 9개월 된 아기의 양육모의 사례이다.

십 대 엄마 1의 체험 내용은 다음과 같다.

그때는 만약 애를 가져도 애가 축복받을 거라는 생각을 했어요. 막상 임신 테스트기에 딱 두 줄이 나오는 순간…… 막 울었어요. 어떻게 해야 하나 혼자 고민을 많이 했어요. 애를 지워야 하나 말아야 하나, 공부도 못하고 멍하다고 그래야 하나 그러면서……. 이 아기를 과연 내가 그냥 없앨 권리가 있는가. 책임지기 위해서 어떻게 행동을 하고 어떻게 지금 방향을 잡아야 하는지……. 쿵쿵쿵……, 3mm였는데도 심장이 진짜 정확하게 뛰는 거예요. 그거 듣고 진짜 지우겠다는 생각 안 했어요. 그것 때문에 확신을 얻고 그래서 낳겠다는 생각을 했어요. 복대 같은 걸로 해서 감추고 있다가, 화장실인가 그런 데다 애를 낳고 도망갔다는 소리 듣고 진짜 무책임하다는 생각이 들었어요. 복대하면 아기도 힘들잖아요. 아기도 못 자라고……. 아기도 낳고 싶고 학교도 계속 다니고 싶은데 제 미래 생각을 진짜 많이 했어요.

학교가 나를 내몰고 있다는 느낌이 들었어요. 저는 임신을 해서 이렇게 퇴학, 자퇴 당할지는 몰랐어요. 앞날에 대한 계획들도 물거품이 될 것 같아서……, 진짜 빨리 죽고 싶다는 생각했어요. 원래 이 시간이면 야간자율학습하고 있을 시간인데 나와서 그냥 멍하니 있으니까……, 혼자 있는 느낌? 그냥 세상에 저 혼자 있는 거 같고 진짜 뭐하고 살아야 하나 그런 생각 진짜 많이 했어요. 빨리 죽고 싶다는 생각 하고……. 진짜 어디다 알아봐야 하는지를 모르겠는 거예요. 초등학교 때 부모님이 이혼하면서 책상 하나 없이 여러 집을 전전해가며 생활……. 다른 애들 보면 공부하라고 계속 엄마들이 그러잖아요. 이거밖에 못 맞아 오느냐고……. 저는 그게 또 부러운 거예요. 혼나는 게. 저는 좀 막 엄마가 참견해줬으면 좋겠고……. 좀 공부하는데 옆에서 칭찬 겸 질타 이런 거 있잖아요, 그런 걸 받고 싶었어요. 동생이 자그마치 넷이에요. 학원 한 번 다니지 않고 학교 장학금으로……. 학교는 제가 공부할 수 있는 유일한 공간……공부를 하고 싶다는 마음이 계속 드는데……. 머리가 너무 아프고 좀 체한 거 같아서 양호실에 갔는데 '까스활명수' 있냐고 물어 봤어요. 소화제를 주겠다고 해서 지금 제가 약을 못 먹는다고 '저 임신했어요' 그렇게 종이에 써서 보여드렸어요. 솔직히 털어놓고 도움을 요청하는 길을 택했는데…… 얘기가 전달되면서 담임선생님이 저에게 자꾸 막 어떻게 할 거냐고 해요. 제가 학교도 다니고 애도 낳을 거라고 그렇게 말하니까…… 두 가지 방법이 있으니까 고르라면서 하나는 뭐 자퇴하는 거고, 하나는 휴학을 하고 다음해에 복학을 해서 바로 전학을 가는 거래요. 아기를 낳는 건 생명존중사상을 중시하는 입장에서 훌륭한 생각이지만 학교 교칙도 있고 불건전한 이성교제라든지, 학교 명예를 훼손한 행위라든지 이런 것에 해당 되는 거예요. 너무 가슴에 맺혀서 선생님한테 가서 많이 울었어요. 너무너무 할 말이…… 선생님이 일단 안 된다고……. 심지어 전학을 가도 같은 일을 겪을 수 있고 휴학을 해도 복학을 장담할 수는 없다고……. 빨리 처리 안하면 징계위원회에 회부돼서 최고 강제 퇴학까지 간다는 거예요. 솔직히 배가 부르면요, 친구 애들도 공부하는 데 좀 신경이 쓰일 수 있잖아요. 그래서 저는 학교의 양해와 친구들한테도 양해를 구하려고 했고 도움을 구했던 건데 이런 결과를 가져올 줄은 몰랐어요. 그냥 차라리 저 혼자 자퇴하면 조용하잖아요. 솔직히 상처받을 일도 없고……. 속상해하는 주변사람들을 보니 학교에 솔직히 털어놓고 도움을 요청한 것이 그저 후회스럽고…… 선생님들은 무슨 일 있으면 다 말하라고 해서 그렇게 한 건데…… 진짜 많이 상처가 됐어요.

어머니가 국가인권위원회에 찾아가서 할 수 있는 데까지 해 본 거 같아요. 저 같은 아이가 또 생겨도, 이렇게 불이익 안 당하고 계속 공부할 수 있는 그런 디딤돌 정도 돼도 별로 후회는 없을 거 같아요. 학교를 마치면 좋고…… 학교로 돌아가지 못한다 해도 실망하지는 않을 거예요.

십 대 엄마 1의 체험을 축약하면 다음과 같다.

* 임신 확인 순간 혼자 아기를 없앨 것인가 책임질 것인가 고민하다 태아의 심장소리를 듣고 낳겠다는 결심을 하였으나 학교도 다니고 싶다는 미래에 대한 생각을 하게 되었다.
* 임신으로 강제자퇴당해 혼자 멍하게 있으니 뭐하고 살아야 할지 죽고 싶은 생각이며 어디에 알아봐야 할지도 모르겠다.
* 부모의 이혼과 네 명의 동생으로 인해 엄마의 관심을 받지 못했으나 학교장학금과 학교가 공부할 수 있는 유일한 공간이다.

즉, 십 대 엄마 1의 체험은 장학생으로 해체가정과 빈곤을 견디며 학업과 출산을 병행하고자 하나 강제퇴학 되니 삶의 의미를 잃어 자살하고 싶고, 솔직한 도움요청으로 협조를 기대했던 학교와 교사에게 실망과 후회의 상처를 받게 되나, 인권위를 통해 학교복귀를 위한 최선을 다하니 후회가 없는 것이다.

십 대 엄마 1의 학습권 체험을 구체화하면 초등학생 시절 부모님의 이혼으로 인한 가정해체와 빈곤, 네 명의 동생들로 인해 양육자인 어머니로부터 학습지원을 얻지 못해 장학생이 되어 학교를 유일한 학습공간으로 여기며 견디어왔다. 양가의 허락을 얻어 사귀게 된 남성 사이에서 임신이 되어 입시를 10개월 앞둔 시점에서 갈등하게 되나 출산을 결심하며 학업과 병행하고자 하였으나 강제퇴학의 압력을 받게 되어 자퇴를 선택할 수밖에 없는 학습권 박탈로 삶의 의미를 잃어 자살하고 싶다는 가치화를 드러내었다. 청소년 미혼모가 되어 솔직한 심정으로 도움을 요청하여 학교와 교사로부터의 협조를 기대했으나 그러한 가능성은 학생으로서의 불건전한 이성교제와 학교명예훼손 등의 학칙에 의해 제한되니 결국 학교와 교사로부터 실망과 후회의 상처를 받게 되었다. 하지만 국가인권위원회를 통해 청소년 미혼모의 학교 복귀를 위한 최선을 다했으니 후회는 없다는 강화성(powering)을 보여주었다.

십 대 엄마 2의 체험 내용은 다음과 같다.

저희 집이 가난해서 제가 아르바이트하며 지냈는데 버스비가 없어 결석하는 날이 하루 이틀이 아니었어요. 추운 날에도 전기가 끊겨서

찬물로 머리 감고 3개월 동안 그렇게 다녔어요. 기댈 데도 없고 너무 힘들다 보니까 남자친구라도 있으니까 기댔는데……. '임신하면 학교 못 다니겠지?'라고 생각했지만요. 배도 많이 안 나왔기 때문에 '학교 다닐 수 있을 거야' 하면서 막 배에 붕대도 칭칭 감아대면서 학교 다녔는데……. 학업을 한번 중단하면 다시 학교로 돌아갈 자신도 없었고 아기의 미래도 불 보듯 뻔한데……. 임신하고 나서 학교가 중요한 걸 알고 학교가 재밌으니까요. 많은 생각이 들었지만 이제 학교를 못 다니게 될까 봐……, 공부 못 하게 될까 봐……. 불행한 게 하나도 없고요, 더 자신감이 생기고 학교를 더 다니고 싶은 거예요.

선생님들이 알게 되니까, 너 때문에 학교 소문도 나쁘게 되고 학부모들에게 항의 전화 오면 어떻게 하느냐고…… 그래서 안 된다고…… 계속 그 이유 하나만으로 안 된다고…… 계속 자퇴하라고 계속 전화 오고…… 담임선생님도 부모님 만나자, 만나서 얘기를 하자 이러면서 계속 강제로 자퇴시키려고 하시는 거예요. 그게 좀 한이 되는데…… 제가 진짜 너무 심하게 빌었거든요. 한번만 공부하게 해달라고…… 집안사정도 안 좋고 진짜 공부하는 것만이라도 하게 해달라고, 학교 다니게 해달라고 진짜 무릎까지 꿇고 빌었어요. 빌었는데 안 된대요. 한번만 해달라고 하면서 손까지 비벼가면서 했는데…… 자존심 다 버려가면서 했는데 마지막에는 이렇게 되고…… 도와주지 않았어요. 진짜 다 포기하고 싶었고……(눈물을 쏟음). 미혼모시설 원장님이 학교에 같이 가주셨어요. 만삭인 상태에서 네가 안 나오면 출석 일수가 모자라다 그래서, 그럼 병결처리로 해달라고 진단서 끊고 2, 3일 부족한 건 원장님이 매일 학교 통학시키겠다하시며 사정을 했어요. 학교측에서 조용히 해서 나를 병결처리해주면 애를 낳고 돌아갈 수 있다 그랬더니…… 학교에서 학칙상 안 된다고…….

결국 인권위와 교육청에 민원을 제기한 뒤에 학업을 중단하지 않고 전학을 하는 선에서 마무리되었어요. 시설에서 혼자 인터넷강의를 듣는데 쓸쓸하지요. 친구가 옆에 있으면 막 모르는 거 물어보잖아요. 옆에 있으면 놀기도 하고 장난도 치고 하는데 없으니까…….

십 대 엄마 2의 체험을 축약하면 다음과 같다.

* 가난으로 아르바이트하며 결석하게 되고 힘들어 남자친구에게 기대어 임신하게 되니 미래를 생각하게 되어 학교의 중요성을 알고 더 학교에 다니고 싶어졌다.
* 선생님이 학교소문과 학부모 항의전화로 안 된다며 강제 자퇴하라 하여 자존심도 버리고 무릎 꿇고 빌었으나 도와주지 않아 한이 되고 다 포기하고 싶었다.
* 미혼모시설장이 학교에 같이 가 사정했으나 학칙상 이유로 안 된다고 하였다.
* 인권위와 교육청에 민원 제기하여 전학으로 마무리되어 인터넷 강의를 듣게 되었다.

즉, 십 대 엄마 2의 체험을 정리하면, 빈곤으로 인한 잦은 결석과 위안과 의지가 되었던 남성과의 동거로 임신하게 되니 학업제한으로 미래가 걱정되어 배움이 더욱 간절하나, 학교 명예와 학칙을 내세워 학습권에서 배제되니, 인권차원에서 청소년 미혼모의 학습권 회복 조치되어 방송통신고에 다닐 수 있게 되었던 것이다.

십 대 엄마 2의 학습권 체험을 구체화하면, 가족 빈곤으로 아르바이트를 하며 생활하였으나 학교 갈 차비조차 없어 결석이 빈번해졌다고 한다. 생활고 속에서 만나 위안과 의지가 된 남성과의 동거로 임신하게 되니 더 이상 학업을 할 수 없을 것이라는 미래에 대한 걱정으로 학교로부터의 배움이 더욱 간절해졌다는 가치화를 나타내었다. 미혼모시설원장의 협조로 출산과 동시에 졸업을 하려 애썼지만 학칙을 내세워 결국 학교에서 배울 수 있는 가능성은 제한되기에, 국가인권위원회의 협조로 전학처리 되어 현재 방송통신고에 다닐 수 있게 되는 강화성(powering)을 발휘하는 과정인 것이다.

십 대 엄마의 학습권 체험의 핵심개념에 대한 발견적 해석은 1) 출산과 학업의 병행을 원함, 2) 학습권의 박탈로 삶의 의미상실, 3) 인권차원에서 학습권 회복을 추구함이라는 세 개의 핵심개념으로 추출되었다. 세 개의 핵심개념은 '출산과 학업의 병행을 원하나 학습권이 박탈되어 상처받게 되니 인권차원에서 학습권 회복을 추구하려는 과정'이라는 하나의 구조로 나타났다. 추출된 구조를 생생한 경험의 구조로 전환시키면 '어머니가 되고자 함과 학생으로 남고자 하나, 학칙으로 낙인찍어 옭아매니 배움의 권리와 기회를 찾고자 하는 과정'으로 정리되었다. 위의 발견적 해석의 결과인 세 개의 핵심 개념을 구조적으로 전환시켜 개념적으로 통합시키면 다음과 같이 정리될 수 있다.

첫째, '출산과 학업의 병행을 원하였다'는 점이다. 청소년 미혼모들은 임신확인 후 해체가정과 빈곤의 그늘에서 벗어나기 위해서는 학교를 졸업해야 하기에 낙태를 해야 할 것인지 아니면 잉태한 생명의 끈을 지키기 위해 출산을 해야 할지 오랫동안 홀로 갈등과 혼란을 감당하며 지내야 했다. 그녀들은 '어머니가 되고자 함과 학생으로 남고자 함' 사이에서 힘겨워하다가 결국 둘 다 모두를 포기할 수 없었다는 가치화를 드러내었다.

둘째, '학습권의 박탈로 삶의 의미를 상실하는 체험'을 하게 된다는 점이다. 출산과 학업 모두를 선택한 청소년 미혼모들은 유일한 배움의 공간인 학교를 다니고 싶어 간절하게 학교와 교사로부터의 협조를 간구하였으나 불건전한 이성교제와 학교명예 훼손이라는 학칙에 의해 강제 퇴학의 압력을 받게 됨으로써 그녀들의 학습권 유지의 가능성은 제한되었다. '학칙으로 불량한 품성을 가진 학생으로 낙인찍어 옭아 맴'으로써 그녀들의 의지와 관계없이 학습권이 박탈되니 삶의 의미를 상실하여 모든 것을 포기하고 싶을 정도로 상심하게 되는 제한된 삶의 가능성을 체험한 것이다.

셋째, '인권 차원에서 학습권 회복을 추구하는 체험'을 한다는 점이다. 청소년 미혼모는 자신의 '배움의 권리와 기회를 찾고자' 최선을 다하게 된다. 교육청과 국가인권위원회에 신념을 갖춘 민원을 제기한다. 이는 동일한 입장에 처한 청소년 미혼모의 동병상련의 아픔을 해소하기 위한 초석이 되며 청소년기에 바라볼 수 있는 미래의 변화가능성을 찾기 위해 분투노력하는 강화성을 보여준 것이다. 십 대 엄마의 학습권 체험의 구조는 서산대사의 휴정이라는 시 내용을 통해 은유적으로 강화되어진다.

눈 덮인 들길을 걷는 나그네여/갈팡질팡 가지 마소

오늘 내가 밟는 발자취가/반드시 뒷사람의 이정표가 될 것이니……
—서산대사: 휴정(休靜)—

본 연구 참여자들인 청소년 미혼모들은 고등학교 여학생인 동시에 어머니가 되길 선택한 가치화를 드러내었으나 현실은 그리 녹록지 않았다. 그녀들은 해체가정의 빈곤을 견디며 다녔던 학교에서 배울 수 있는 권리와 기회를 박탈당하게 되는 가혹한 현실의 제한성에 처하게 되었다. 교사와 학교로부터 기대했던 도움은 품행 불량과 학교 망신이라는 낙인으로 돌아와 상처만 입게 되니 그녀들의 처지는 마치 눈 덮인 들길을 걷는 나그네에 비유될 수 있다. 어디에 의지하여 당면한 문제를 해결해야 할지 그 방향성조차 알 수 없었으니 그녀들이 내디딜 수 있는 가능성은 제한되어 갈팡질팡할 수밖에 없었다. 하지만 청소년 미혼모는 상실했던 학습권을 되찾기 위해 국가인권위원회에 의뢰하는 적극적인 노력과 조치를 취하였다. 이는 오늘날 청소년 미혼모인 자신이 밟은 발자취가 반드시 뒷사람에게 도움이 될 이정표가 될 것이라는 신념으로 행해진 강화성을 나타내는 것으로 해석될 수 있다.

본 연구에서는 한국사회의 십 대 미혼모 엄마들이 임신으로 인해 학교로부터 박탈당한 학습권을 어떻게 회복해 가는지 그 체험의 현상적 의미와 구조 변화는 무엇인지 탐색하고자 하였다. 두 명의 십 대 청소년 미혼모의 체험적 결과를 바탕으로 몇 가지 사항을 중심으로 논의해 보고자 한다.

첫째, 십 대 청소년 미혼모에 대한 학습권 보장이 인권적 차원에서 법제화되어야 한다는 점을 강조하고자 한다. 청소년에 대한 교육권 보장은 헌법, 교육기본법, 초중등교육법 등에 규정된 국민의 기본적 권리에 대한 보장이다. 또한 유엔아동권리 협약 당사국으로서 이행해야 하는 아동 발달권리 보장이다(변귀연 외, 2009; 홍순혜, 2010; 국가인원위원회, 2010에서 재인용). 그럼에도 불구하고 임신한 십 대 청소년 미혼모를 불량한 청소년이며 학교 명예를 훼손시켰다는 이유로 낙인찍어 학교 제도권에서 밀어냄으로써 얻게 되는 사회적 혜택은 무엇인가? 빈곤한 가족으로부터 돌봄을 받지 못해 가출하여 로맨스를 꿈꾸며 동거, 임신하였으나 결국 강제퇴학으로 인한 학업중단은 취업관련 지식이나 기술 부족으로 이어져 십 대 청소년 미혼모의 사회참여에 장애요소가 된다. 장기적으로 빈곤문제와 연계되는 것이다(허남순 · 노충래, 2005; 변귀연 외 2009). 빈곤은 십 대 청소년 미혼모를 사회복지에 의존토록 만들기 쉬우며 결과적으로 사회적 비용을 증가시킬 뿐만 아니라 그녀들의 자녀 성장에 치명적인 영향을 미칠 수 있다. 따라서 임신 및 출산에 대한 학교 징계를 근절하고, 임신 및 출산으로 인한 학업결손을 질병으로 인한 결석으로 처리하거나, 학생이 원하는 경우 휴학을 허용함으로써 십 대 청소년 미혼모의 학습권을 보장하는 전면적인 법제화가 마련되어야 한다는 국가인권위원회(2008, 2010)의 제안을 지지하고자 한다.

둘째, 십 대 청소년 미혼모에 대한 다양한 교육적 대안마련의 필요성을 강조하고자 한다. 미국, 영국, 독일 등의 선진국과 같이 학교 내에 다양한 서비스를 제공하는 것이 바람직하나 현재 청소년 미혼모에 대한 한국사회의 인식수준에서 그러한 접근이 쉽지 않을 것이다. 하지만 대부분의 임신한 중고등학교 학생들이 원적학교에 계속 다니거나 원적학교의 위탁교육을 통해 학업을 마치는 것을 가장 바람직한 학업지속 방법으로 선택하였다는 점을 고려할 때 그녀들을 위한 대안학교나 임신 및 산후조리 기간에도 학업을 지속할 수 있는 위탁교육의 활성화가 필요하다는 홍순혜(2010)의 제안을 적극 지지하는 바이다. 원적학교의 위탁교육형태는 임신 기간이나 시설입소 기간 동안의 교육손실을 방지하고, 원적학교에서의 교육과 동일하게 인정해 줌으로써 휴학 및 학년지체 현상을 예방할 수 있을 것으로 보인다. 원적학교의 위탁교육과 대안학교 등에서는 필요한 정규교과과정 내용뿐 아니라 산전, 산후교육, 아동양육방법, 직업연계교육, 취업지원, 심리상담 등을 제공함이 요구된다. 이는 졸업 이후의 생활을 미리 설계할 수 있도록 청소년 미혼모들의 욕구와 상황에 적합하게 구성된 서비스를 제공하기 위함이다.

셋째, 교육의 주체인 학교 당국의 인식개선이 요구된다. 변귀연 외(2009) 연구에서는 청소년 문제행동의 예방과 해결에 있어서 학교당국과 교사의 역할이 상당히 중요함에도 불구하고 그들에 대한 인식재고교육에는 관심을 두지 않았음을 강조하고 있다. 청소년 미혼모는 학교 내 모든 교사들로부터 이해와 지지, 도움을 받아야 하는 대상이다. 또한 임신을 한 청소년 미혼모는 자신이 직면한 문제해결을 위해 교사를 포함한 학교 당국의 적극적인 도움을 요청하였다는 사실을 본 연구 참여자의 내러티브를 통해 확인 할 수 있었다. 교사는 학생 정신건강에 관여함으로써 학교 건강프로그램의 주요한 대리인이며

(Viig and Wold, 2005), 지역사회의 의견을 도출할 수 있는 지역지도자로서의 역할을 수행하는 중요한 위치에 있다(이미형·함옥경·이수진, 2007). 이러한 교사의 영향력을 고려하여 청소년 미혼모에 대한 교사 자신의 인식 재고뿐만 아니라 교사의 인식에 영향을 미치는 사회 전반적인 인식의 전환이 필요하다는 점을 강조하고자 한다.

넷째, 십 대 청소년 미혼모에게 제공될 통합적인 One-Stop 서비스 전달체계 구축이 요구된다는 점이다. 2008년부터 각 교육지원청에서는 Wee프로젝트를 연계하여 임상심리사, 사회복지사, 전문상담교사, 전문상담사가 한팀이 되어 어려움에 직면한 청소년의 문제 해결을 위해 상담지원 및 지역사회자원 연계 등의 서비스를 제공하고 있다. 하지만 임신과 출산에 직면한 청소년 미혼모에게 적합한 학교교육－미혼모시설－병원－입양기관－보육시설－다양한 지역사회 자원을 연계해줄 종합적인 보호체계가 필요하다는 점에서 십 대 청소년 미혼모 지원 문제의 특수성이 이해되길 바라는 바이다. 2009년 9월 국가인권위원회의 법적 구속력을 수용하여 시작된 인천광역시교육청의 청소년 미혼모 학습권 인정의 출발로, 해당 학생은 2010년 본인의 원적 학교를 졸업하게 되었다고 한다(국가인권위원회, 2010). 그러한 영향으로 인천자모원이 2010년 7월 15일자로 인천광역시교육청으로부터 국내최초 대안학교로 인정되어 사이버 수업 등으로 최장 5~6개월까지 출석이 인정되는 교육과정을 제공할 수 있게 되었다. 따라서 향후 청소년 미혼모의 학습권 인정으로 인해 삶의 긍정적인 변화를 체험한 청소년 미혼모들의 다양한 성공적 사례들이 지속적으로 밝혀지길 바란다.

참고문헌

경향신문. (2010. 3. 17). "청소년 미혼모들 학습권 보장된다".

국가인권위원회. (2008. 4. 30). 『청소년 미혼모의 교육권 보장 실태조사 자료집』.

국가인권위원회. (2010. 3. 16). 『청소년 미혼모 학습권 보장 공개 토론회 자료집』.

BBC 다큐특강. (2010). "다큐멘터리란 무엇인가?", Retrieved from http://www.daqcasting.com/3296.

변귀연 · 김해래 · 이상희. (2009). 「청소년 미혼모와 그들의 교육권에 대한 교사의 인식」. 『청소년복지연구』, 11(1), 1－22.

서정애. (2010). 『한국 사회 십 대 성의 실태, 청소년 미혼모 학습권 보장 공개 토론회 자료집』. 국가인원위원회.

아하 청소년성문화센터. (2007). 『십 대 청소년의 성경험 및 성태도에 관한 실태조사 자료집』.

이미형 · 함옥경 · 이수진. (2007). 「일지역 학생들의 약물남용에 대한 교사의 인식, 지식, 태도 및 학교정책」. 『정신간호학회지』, 16(3), 250~257.

여성가족부. (2005). 『시설입소 미혼모 실태조자 자료집』.

정현숙 · 유계숙 · 어주경 · 전혜정 · 박주희. (2002). 『부모학』. 서울: 신정.

한상순. (2010). 『10대 엄마들의 학습에 대한 욕구, 청소년 미혼모 학습권 보장 공개 토론회 자료집』. 국가인권위원회.

허남순 · 노충래. (2005). 『미혼모－부자 종합대책에 관한 연구』. 여성가족부.

홍봉선 · 남미애. (2009). 『학교사회복지론』. 경기: 공동체.

홍순혜. (2010). 「청소년 미혼모 교육권 보장 실태 및 지원방안」, 『청소년 미혼모 학습권 보장 공개 토론회 자료집』. 국가인권위원회.

SBS 그것이 알고 싶다. (2009. 5. 9.). 제715회. "선생님, 학교에 다니고 싶어요. 고3 임산부 혜원이의 선택".

Baumann, S. L. 2008. Wisdom, compassion, and courage in the Wizard of Oz: A humanbecoming hermeneutic study. Nursing Science Quarterly, 21(4). 322~329.

Dalla, R. & W. Gamlbe. 1997. Exploring factors related to parenting competence among Navajo teenage mothers: Dual techniques of inquiry. Family Relations, 46, 113~121.

Harris, K. 1991. A predictive and follow-up study of abusive and neglectful families by case analysis. Child Abuse and Neglect, 15. 261~273.

Kost, K., S. Henshaw. & L. Carlin. 2010. U. S. teenage pregnancies, births and abortions: National and state trends and trends by race and ethnicity. Guttmacher Institute Jan. 2010. Retrieved from http://www.guttmacher.org/pubs/USTPtrends.pdf

Luster, T., H. Perlstadt., M. Mackinney., K. Sims. & L. Juang. 1996. The effects of a family support program and other factors on the home environments provided by adolescent mothers. Family Relations, 45, 255~264.

Viig, N. G. & B. Wold. 2005. Facilitating teacher's participation in school-based health promotion. Scandinavian Journal of Education Research, 49(1), 83~109.

Willig, C., & W. Stainton-Rogers. 2008. The sage handbook of qualitative research in psychology. Thousand Oaks, CA: Sage Publications.

제 2 장

결혼을 거부하고 모성만을 선택한 자발적 비혼모와 자녀

오늘날 전 세계적으로 가족의 규모가 점차 축소되고 구성이 단순해지면서 개인의 자발적 선택에 의해 가족을 형성하는 유연성이 크게 높아지고 있다. 현대사회에서는 가족을 시간에 따라 지속적으로 움직이며 사회변화에 민감한 체계로 파악하고 있다(Carter and McGoldrick, 1999). 또한 건강한 가족기능의 조건으로 종족보존, 혈통유지, 가계계승 등의 제도적 기능에서 좀 더 사랑과 애정을 나누는 정서적 교류의 공동체로서의 가족기능을 강조하고 있다. 나아가 가족 구성원 각자의 삶에 대한 만족, 신체적・정신적으로 건강할 수 있는 환경의 제공 및 가족 구성원의 사회화를 가족의 최대기능으로 설명하고 있다(Walsh, 1998, pp.65~88). 이처럼 변화하는 가족에 대한 기대와 가치에 따라 다양한 형태의 가족들(공동체가족, 기러기가족, 동성애가족 등)이 새로이 등장하게 되고 함께 공존하게 되면서 '정상가족'에 대한 패러다임을 확대하고 있다.

미국의 경우 제3의 가족 유형으로 불리는 한 부모(single parents) 가족은 여러 가지 이유로 가파르게 증가하고 있다. 자녀와 동거하고 있는 한 부모 가정의 여성은 1970년대 3백만 명에서 2005년에는 천만 명을 넘어섰는데, 전체아동의 28%가 부모의 이혼, 아버지의 사망, 비혼여성의 입양과 출산 등으로 어머니와 함께 살고 있는 것으로 파악되었다(U. S. Census, 2005, http://www.census.gov/). 전국적으로 한 부모의 비중이 높아지는 이유와 관련하여 비혼모(single by chance)의 증가 현상과 긴밀한 관계가 있음을 보고하기도 한다(Ben-Ari and Weinberg-Kurnik, 2007, pp.823~833). 자녀와 부부로 구성된 핵가족 유형은 40%에서 24%로 감소함에 비해 기타 가족 유형은 11%에서 16%로 증가하였다. 이는 비혼여성의 자녀입양을 통한 양육과 비혼여성의 정자은행을 통한 임신 후 출산 등의 증가를 큰 원인 중 하나로 제시하고 있는 것이다(성정현 외, 2004). 특히 지난 20여 년간 3배 이상 비혼모가 증가한 것과 비혼여성에 의해 매해 28%의 입양이 이루어지고 있다는 보고(U. S. Department of Health and Human Services, 2006)를 통해서 현대 가족의 중요한 하위집단 형태로 비혼모 가족이 주요하게 등장하고 있음을 알 수 있다. 이러한 비혼모의 증가는 지난 40여 년에 걸쳐 나타난 여성의 권리와 사회적 역할의 변화들은 여성들이 결혼을 전제하지 않고도 모성(motherhood)을 선택할 수 있도록 하는데 영향을 받아 나타난 주요한 현상이라 할 수 있다.

한국 사회에서도 개인의 존엄성 구현이라는 합법적 기치아래 양성평등과 여성의식의 고취라는 가치변화를 겪어왔다. 특히 2008년 1월부터 부계혈통중심의 가부장제에서 발현되었던 호주제가 폐지되어 가족관계등록법으로 개편되면서 여성의 성도 자녀에게 승계할 수 있도록 허용하게 되었다. 이와 더불어 미디어를 통해 비혼모에 대한 사회적인 시선과 관점이 새롭게 등장하면서 다양한 가족의 형태로 비혼모 가족을 받아들일 수 있다는 가능성을 보여주고 있다[4]. 그러나 전통적으로 아버지의 부재 속에서 성장한 자녀에게 '호래자식'이라는 극단적 낙인을 붙이는 경향이 있었다. 아직도 비혼모에 대해 기존 사회 질서를 역행하는 대상자로서 아버지 없이(fatherless) 자녀를 양육하는 것은 결핍(Rogers-Dillon, 2008)으로 바라보는 경향이 강하다. 이러한 사회적 인식과 낙인은 일상생활에서 비혼모와 그 자녀의 안녕(well-being)에 부정적인 영향을 미치며 또 다른 사회문제로 확대될 수 있다. 최근 여성학을 중심으로 이뤄진 연구 결과에 의하면 비혼모에 대한 결핍관점에 대항하며 사회적 편견에 대응하는 비혼모의 삶을 조망하고 그들을 지원하는 정책의 필요성을 강조하고 있다(박은하, 2003; 임도아, 2004). 그러나 이들 연구들에서는 여성으로서의 비혼모를 집중적으로 살펴봄으로써 양육모로서 '선택한 모성'에 대한 체험에 대한 탐색은 부족하였다. 이에 가족복지적 시각에서 '비혼모는 양육자로서 어떠한 선택을 하는가? 그 체험의 의미는 무엇인가?'에 대한 연구가 필요하다 할 것이다.

이에 본 연구의 목적은 기존 국내 문헌연구에서는 잘 다루어지지 않았던 비혼모를 대상으로 자신의 선택의 결과로 살아가면서 느끼게 되는 체험이 어떠한 것인지에 대한 탐색적 연구를 수행하고자 한다. 이들은 한국사회의 고정 관념에 의해 생각해왔던 피해자로서의 미혼모들이 아닌 결혼을 선택의 문제로 보면서 주체적 삶을 살고자 했던 여성들이라는 점에서 기존 연구들과 차이가 있다고 볼 수 있다. 본

4) 비혼모를 주제로 다룬 미디어 프로그램에는 SBS 그것이 알고 싶다(2008. 1. 26.) 및 인간극장: 고맙다 사랑한다(2008. 1. 18.) 등이 있다.

연구에서는 결혼 경험이 없는 독신으로서 입양을 선택한 비혼모, 교재 중 갖게 된 자녀를 자발적 의지로 출산 후 양육하는 비혼모, 그리고 정자은행을 통해 임신출산을 선택한 비혼모들을 중심으로 그녀들과 자녀, 즉 모자 가정을 위한 가족복지 방안을 모색해 보고자 한다.

근현대로 오면서 '미혼모'란 말이 등장하였으며, 미혼모란 현재 결혼하지 않았지만 이후 결혼이라는 제도 안으로 흡수되어야 하는 존재로 보는 시각이 강했다. 미혼모가 부정적 의미를 함축하고 있다는 사회적 통념의 일환으로 '비혼모(single by choice, mother by choice, Miss mom)'라는 용어를 사용하게 되었다. 이는 결혼을 적극적으로 거부한다는 의미를 포함하고 있으며 결혼을 선택의 문제로 사고하며 현재 결혼을 하지 않은 경우를 함축한다. '독신모(solo mothers)' 역시 미혼모의 부정적 의미를 줄이기 위해 제기된 것이다. 서구에서는 '비혼모'를 한부모 여성과 상황적으로 비슷하다는 측면에서 비혼모와 한부모(single mothers) 여성을 독신모라는 이름하에 한 범주에 포함시키고 있다. 학자에 따라서는 '비혼모'라는 용어의 고립성을 탈피하기 위해 독립적인 의미의 '독신모'라는 용어 사용을 제안하기도 하였다(임도아, 2004). 하지만 비혼모는 결혼하지 않은 상태에서 자발적으로 자녀를 출산한 여성임을 의미하는 반면, 한부모(single mothers)는 이혼이나 남편과의 사별로 인해 어쩔 수 없이 홀로 자녀를 키우는 여성이라는 점에서 차이가 있다고 할 수 있다(동국미디어센터, 2008, www.donggukin.org). 전통적으로 우리 사회에서 아비 없이 성장한 자식을 호래자식이라 부르며 이는 아버지가 없어 교육을 제대로 받지 못해 제멋대로 행동한다는 부정적인 의미가 함축되어 있다. 즉, 사회적으로 여성의 삶은 남편의 상황에 의존되었으며, 자녀들도 절대적으로 아버지에 따라 영향을 받는 존재로 인식되었던 것이다. 본 연구에서는 결혼을 전제하지 않고 모성의 삶을 살아가는 비혼모의 체험을 탐색하고자 한다.

국내에서 '비혼모'에 관련된 연구를 살펴보면 시대에 따라서 그녀들을 바라보는 관점에 변화가 있었다. 1980년대 후반 이전에는 미혼모가 기존의 사회질서와 가족구조를 파괴하며, 부양해야 할 아동까지 출산함으로 인해 심각한 사회문제를 발생시키고, 결국 결손가족이 되어 그 자녀 또한 비행청소년이 될 가능성이 높아 부정적 영향을 미침으로 미혼모를 예방해야 한다는 연구들이 주된 내용이었다. 결혼하지 않고 출산을 통해 구성된 비혼모 가족은 전통적인 부부중심의 가족이라는 정상가족 이데올로기에 의해 사회에서 주변화됨으로써 그녀들의 자녀 또한 비행가능성이 있는 결핍대상으로 파악하는 경향이 강했다(서울시 홀트아동복지회, 1981; 한국여성개발원, 1984). 1980년 후반 이후에는 미혼모 정책에 있어 비혼모의 욕구가 반영될 수 있어야 한다고 인식하며, 이에 기반 한 정책적 대안마련을 주장하였다. 또한 산업화로 인한 성의 상품화, 성도덕 문란으로 비혼모가 증가한다고 판단하고 시설확대, 직업훈련 실시 및 예방을 위한 법적 근거를 강화해야 함을 강조하였다. 이는 비혼모를 성규범 일탈자 또는 사회적 일탈자로 규정한 것이었고 비혼모 스스로도 자신을 비정상적 존재로 인식하게 하는 데 영향을 주었다(김정심, 1988). 1990년대 이후에는 미혼모 가족이 증가하면서, 미혼모 스스로가 자녀를 양육할 수 있도록 지원해야 한다는 등의 미혼모 입장에서의 양육보장 논의가 시작되었다. 비혼모를 요보호대상으로 규정하여 주체적 대상이 아닌 수동적이고 종속적인 대상으로 파악하여 국가의 보호와 동시에 격리를 통해 결정권을 박탈당한 객체로 보는 한계가 있었다(김윤숙, 1992; 한국여성개발원, 1990). 그러한 비난은 전통적으로 결혼관계에 기반을 두지 않고 생물학적 출산을 한 비혼여성들에게도 적용된다고 볼 수 있다. 이러한 연구 경향은 미혼모를 사회적 일탈의 개념으로 바라보면서 병리적 관점으로 접근하였던 것이다.

서구의 경우에도 사회적으로 기혼여성의 경우 어머니가 되는 방법으로 출산과 입양이 모두 당연한 것으로 받아들여지나 파트너 없이 모성을 충족하고자 한 비혼여성을 보는 시선은 전형적으로 부적절하고, 이기적이며 심지어 비이성적으로 보았다. 비혼모의 가정이 새로운 사회적 구조를 나타내주는 합법적인 가족 형태라고는 하나(Russell, 1995; Gerson, 1997), 다른 한편에서는 이러한 방법으로 모성을 선택한 비혼모를 의식적 고려와 자유의지를 발휘했다기보다 가족의 가치를 저하시키는 데 기여한 것이라고 비난하기도 하였다(Blankenhorn, 1993; Miller, 1992).

2000년대에 들어서면서 연구자들은 정상가정이데올로기에 대한 비판과 동시에 미혼모로부터 비혼모라는 확대된 개념을 적용하면서 비혼모 문제를 가부장적 사회구조에서 파생된 여성문제로 파악하고 비혼모의 경험에 성인지적 관점의 여성정책 반영이 실행되어야 함을 제시하기 시작하였다(박숙희, 2001; 박은하, 2003). 심경미(2002)의 연구에서는 30대 중반에서 40대에 이르는 비혼여성들이 자신의 삶을 어떤 시각으로 바라보고 있으며, 결혼하지 않는 삶으로 유인하는 사회문화적 요인들은 어떠한 것이며, 결혼하지 않고 사는 것에 대한 여성들의 의사반영 여부는 사회 구조와 어떠한 연관이 있으며, 그들은 결혼중심적인 사회 환경에 어떻게 반응하고 있는가에 초점을 두고

15사례를 분석하였다. 결과적으로 가부장적 가족과 결혼에 대한 긍정적 관심은 부적 상관이 있었다. 소극적으로 비혼을 유인하는 요인으로는 가부장적 결혼생활에서의 성역할에 대한 불만족으로 나타났으며, 적극적 비혼을 유인하는 요인으로는 여성 개인의 발전, 일에 대한 욕구, 독립적이며 자유로운 삶의 방식이 대두된 것 등으로 나타났다. 또한 자발적인 비혼여성들은 자신의 삶을 성찰하고, 결혼 여부와 별도로 독립적 삶을 구축하면서 비혼여성 간에 관계망 구성을 시도하였다. 그러나 연구대상과 주제가 모성체험 단계에 이르지 못하고 비혼으로 머물고 있는 여성의 체험에 초점을 두고 있다는 점에서 연구의 한계가 있었다.

박은하(2003)의 연구는 비혼모 정책을 여성주의적 관점에서 다루면서 미국, 스웨덴, 영국 등의 서구권, 티벳, 아프리카 등과 같이 다양한 사회문화에서 바라보는 정상가족 이데올로기의 다양성을 논하고 있다. 덧붙여 성인지적 관점에서 비혼모 정책을 시행하는 것의 바람직성을 강조하고 있다. 성인지적 관점이란 여성은 남성과 다른 입장에서 갈등하는 이해와 요구를 갖고 있다고 보면서 여성과 남성의 삶을 비교하고, 여성 특유의 경험을 반영하며, 특정 개념이 특정 성(gender)에게 유리하거나 불리하지 않은지, 성역할 고정관념이 개입되어 있는 것은 아닌지 등을 검토하는 관점이라고 설명하고 있다. 여성정책이 비혼모의 삶, 여성의 삶, 나아가 양성의 삶을 좀 더 평등하고 살기 좋게 변화시키는 데 도움이 되기 위해 성별 간의 특수성과 개인 간의 특수성을 고려하여 특정 개인이나 집단에 불리한 상황이 발생하지 않도록 모든 정책 제반과정에서 성인지적 관점을 적용하는 것의 중요성을 언급하고 있다. 따라서 비혼모에게 입양을 권장하는 사회복지

정책 보다는 성인지적 관점에서 양육모로 전환될 수 있도록 지원하는 정책의 바람직성을 강조하는 문헌연구라 할 수 있다.

임도아(2004)의 연구에서는 철저히 여성주의적 관점에서 5명의 '비혼모'의 삶을 재조명하였다. 그녀는 비혼모가 수동적이거나 소극적인 삶을 살아가는 객체가 아닌 주체자로서 적극적으로 자신의 삶을 개척해 나가고 있다고 파악하면서, 비혼모가 되기 이전의 성과 사랑 그리고 결혼에 대한 의식과 경험이 비혼모가 되면서 어떻게 변화되어 가는지를 타인지향적(희생적) 유형, 타인과 자아 사이에서 갈등하는 유형, 자아 성찰적(관계지향적) 유형으로 구분하고 있다. 그녀의 연구 참여자 다섯 명 중 한 명을 제외하고, 결혼을 전제로 한 동거생활에서 자녀를 임신하였으나 결국 동거남성과의 갈등으로 계획했던 결혼에 이르지 못하고 홀로 자녀를 출산하게 된 여성들이거나, 10여 년의 결혼생활 이후 이혼으로 비혼의 삶을 선택하였던 여성의 내러티브가 중심을 이루었다.

국외에서도 이와 같은 여성주의적 관점에서의 이론적 근거를 갖고 비혼모의 상호주관적 경험과 모성과 연계된 의미를 고찰하는 연구들이 보고되고 있다(Bock, 2000; Mannis, 1999). 이들 연구에서는 비혼모들 스스로가 아버지 없는 가정이라는 사회적 낙인을 거부하고 있으며 자신들의 가족단위(family unit)를 법적으로 승인시킴으로써 사회적 '다양성'의 일부로 용인받고자 분투하고 있다. 나아가 일부 비혼모들은 스스로 선택한 가족을 스스로의 힘으로 부양할 수 있는 능력이 있으며, 파트너로부터 독립적이며 나아가 공공복지서비스로부터도 자유롭다는 점을 보여줌으로써 단지 '다를 뿐'이라는 점을 강조하고 있다(Bock, 2000).

일부 비혼모의 가족기능에 관련된 연구에서 비혼모 양육에 대하여 다루었는데, 양부모 자녀와 비혼모 자녀 간에 인지적, 정서적 기능에 있어 차이가 도출되지 않았다고 보고하고 있다(Groze and Rosental, 1991). 덧붙여 입양을 선택한 비혼모, 생물학적 출산을 한 기혼모와 비혼모 세 집단 간에 어버이됨(parenthood)에 대한 그들의 적응, 그리고 각자의 방법으로 모성을 선택한 그들의 만족을 비교한 결과 유의미한 차이가 없었음이 제시되기도 하였다(Groze and Rosental, 1991; Shireman, 1996). 이들 세 유형의 모성 집단 여성들의 일상적 잔일에 대한 대처, 자녀와의 관계, 비혼모가 된 상황들에 초점을 둔 연구(Linn, 1991; Miller, 1991; Hertz, 2006)들이 이뤄졌지만 주로 개인의 기질과 특성에 따른 비혼모의 적응과 기능에 어떻게 영향을 주는지에만 초점을 두었다. 이에 비혼모가 자율적 결정을 성취하기 위해서 자신의 삶에 대한 자율적 역량(autonomy competency)에 대한 일련의 기술과 능력을 개발해야 할 필요가 있음이 강조되면서, 비혼모들의 의식과 독립적 결정에 대한 그녀 자신의 동기, 사고, 그리고 욕구를 탐색하는 연구의 필요성을 강조하고 있다(Tietjens-Meyers, 2000). 특히 비혼모의 체험 중 모성을 선택할 것인가 거부할 것인가에 대한 '선택적 상황'에 대한 연구가 필요하다. 흔히 여성들이 정의하는 모성은 결혼관계의 맥락에서만 완전해진다는 사회적 기대를 반영하며, 모성에 대한 선택이란 자율적이거나 의식적 선택이 될 수 없다(Linn, 2001)는 주장에 대항하는 비혼모의 양육모로서 삶에 대한 조망이 필요한 것이다.

본 연구 참여자의 특성은 결혼 경험이 없는 독신으로서 입양을 선택한 비혼모 두 사례, 문제가 있다고 인식된 결혼을 선택하기보다 교재 중 갖게 된 자녀를 자발적 의지로 출산 후 양육하는 비혼모 두 사례, 그리고 정자은행을 통해 임신 출산을 경험한 비혼모 한 사례를 포함하여 모두 다섯 사례를 선택하였다. 네 사례는 비혼모를 주제로 60분으로 구성된 미디어인 'SBS 그것이 알고 싶다: 비혼모(2008년 1월 26일)' 자료를 다운로드받아 질적 내용분석으로 재구성하였다. 따라서 스크린 상에서 나타난 참여자의 언어적・비언어적 메시지들이 충실하게 반영될 수 있도록 여러 번 반복 시청하면서 워드프로세스에 직접 필사(transcript) 하였다. 나머지 한 사례는 홀트아동복지회로부터 입양을 추진 중인 40대 비혼여성의 인터뷰내용이 담긴 인터넷 온라인 기사(한국일보, 2008. 1. 11)[5])를 활용하였다.

연구결과를 분석하기 전에 다섯 명의 비혼모 사례를 선정한 이유와 그녀들에 대한 인구사회학적인 일반적 특성을 제시하고자 한다. 다섯 명 모두 결혼하지 않은 상태에서 자발적으로 자녀를 출생한 여성들로서 결혼을 철저한 선택의 문제로 생각하고 있었으며 앞으로 결혼을 적극적으로 거부한다는 비혼모의 공통된 특성을 갖추고 있었다. 본 연구 참여자들의 일반적 특성으로는 참여자 1과 2는 자녀 입양을 선택한 경우이다. 참여자 3, 4, 5는 자녀를 직접 출산한 경우이나, 그 중 5는 불임으로 두 번의 이혼 끝에 정자은행을 통해 자녀를 출산한 경우이다. 이들은 일반직장인, 사업가, 방송작가, 의류디자이너, 방송인으로서 모두 직장을 갖고 있는 30~40대 여성들이었다.

결혼을 거부하고 모성만을 선택한 자발적 비혼모 1의 체험 내용은 다음과 같다.

---

5) 한국일보(2008. 1. 11.; http://happylog.naver.com/holt/123456884021), '입양 신청한 40대 미혼여성 정**씨' 사례를 분석하였다.

아이를 너무 갖고 싶은데…… 아이 때문에 결혼하기에는 솔직히 버려야 할 게 더 많아요. 아이가 아주 소중하긴 하지만 결혼은 둘이 하는 게 아니라 양가가 같이 하는 거니까 많은 걸 신경 써야 해요. 저는 그 많은 걸 신경 쓴 거를 그냥 다 모아서 아이한테 신경 쓰겠다는 거지요. 강요된 역할과 희생이 요구되는 결혼제도 안에서 스스로 행복할 것 같지 않았어요. 내가 꿈꾸는 가족은 엄마와 아이인 거지요. 아이에 대한 생각, 어떻게 보면 정말 그냥 결혼해서 결혼했으니까 애 낳아야지 이렇게 하는 사람들…… 이혼해서 애들 상처받고…… 그렇게 하는 경우도 많아요. 그런 거 보면서 아니, 그럴 거면 왜 결혼해서 애 낳았느냐고요. 오히려 그 애들이 내가 그냥 데리고 와서 키운 아이들보다 더 잘 자랄 거라고 자기네들은 그렇게 말할 수 있느냐는 거죠

저한테 제일 우선인 아이가 있었으면 좋겠는 거예요. 제가 사랑을 쏟아 부을 수 있고 애가 저한테 사랑받고 있다는 걸 느끼고 그러면서 저를 사랑해주는 아이가 필요한 거죠. 혼자 힘으로 아이를 키우려면 많은 노력을 해야 돼요. 생활비 딱 정해 놓은 게 35만 원이거든요. 이거 이상 쓰면 저금하는 계획이 안 맞아들어가요. 월급에서 이거 이상 쓰지 말자고 생각하죠.

아이를 키우며 사랑을 주고 그렇게 생활하고 싶은 건 보통 여자들과 다르지 않아요. 틈틈이 보육시설에 나가 자원봉사를 하면서 내가 좋은 엄마가 될 수 있을까 시험해 보고…… 나를 만나 아이가 정말 행복할 수 있을까 묻고 또 묻지만 답은 언제나 하나예요. 불합리하고 불행하다고 생각되는 결혼이라는 제도를 선택하지 않았을 뿐 홀로 양육하는 것도 행복했어요. 내가 원했던 거니까…….

결혼을 거부하고 모성만을 선택한 자발적 비혼모 1의 체험을 축약하면 다음과 같다.

* 강요된 역할과 희생을 요구해서 버려야 할 게 많은 결혼생활보다 엄마와 아기로 된 가족을 꿈꾸었다.
* 결혼과 이혼으로 상처받은 아이들보다 결혼하지 않고 데려와 키운 아이가 덜 잘 자랄 거라 말할 수 없다.
* 사랑하고 사랑받을 수 있는 아이가 필요하다.
* 계획된 저축으로 혼자 아이를 키우기 위해 노력하고 있다.
* 보통여자들처럼 좋은 엄마가 되고 싶어 보육시설 자원봉사를 통해 엄마 됨을 시험하고 있다.
* 불합리하다 생각되는 결혼을 선택하지 않았을 뿐 아이의 행복을 묻고 물으며 홀로 양육에 행복하다.

즉, 결혼을 거부한 비혼모 1의 체험은 갑갑한 결혼생활보다 준비된 비혼 모자 가족을 그렸고, 현실적인 양육 계획과 노력을 기울이며 자녀와의 행복을 위해 당당히 나서는 비혼모를 선택한 것이다. 그녀는 결혼생활보다 어머니와 자녀로 구성된 단출한 가족을 그리며 준비된 비혼모에 의해 양육된 아이도 잘 성장할 것이라 여겼으며, 사랑을 온전히 나눌 아기를 바라며 홀로 양육하기 위한 기반을 마련하고자 하였다. 또한 결혼선택보다는 좋은 엄마 역할을 배우면서 자녀의 행복을 바라며 기꺼이 홀로 양육을 감당하고자 하였다.

결혼을 거부하고 모성만을 선택한 자발적 비혼모 2의 체험 내용은 다음과 같다.

결혼하면 서로 가치관이 충돌하게 될 텐데, 대체로 이 사회에서는 여자가 남자한테 맞춰 살아야 하는 부분이 많아요. 그래서 결혼을 안 하게 된 거지요. 내 인생을 내가 주도하며 살고 싶었기 때문에……. 이제 마흔이 넘고 경제적으로 여유를 갖게 되니까 스스로를 돌아보게 되고 나름대로 확고한 인생관도 생기게 되더라고요. 꼭 남편이 있어야 하나요? 내 성(姓)을 물려준 아이와 행복하게 살면 되는 거지요. 아기를 기다렸던 긴 시간들이 정말 행복한 산고(産苦)였어요.

아이가 나중에 커서 왜 아빠가 없냐고 묻는다면 '가장 중요한 것은 너의 행복이고, 나는 너를 위해 최선을 다했다'고 자신 있게 말해줄 겁니다. 아이가 자라면서 스스로 '나는 누구인가, 어떻게 살아야 하는가' 그런 걸 깨닫게 도와주는 게 엄마 역할이라고 봅니다. 부모가 모두 있다고 반드시 행복한 것은 아니에요. 무책임한 부모가 얼마나 많은데……. 지금까지 내 인생을 개척해온 판단력과 책임감이라면 난 아이를 충분히 잘 기를 수 있다고 확신합니다.

결혼을 거부하고 모성만을 선택한 자발적 비혼모 2의 체험을 축약하면 다음과 같다.

* 남성에게 맞춰 살아야 하는 결혼보다 자기 주도적 삶을 살고 싶다.
* 경제적 여유와 더불어 인생관이 확고해지면서 내 성(姓)을 물려준 아이와 행복하게 살고자 한다.
* '아이의 행복'의 중요성을 강조하며 세상을 살아가는 힘을 키워주는 엄마 역할에 중점을 둔다.
* 책임감과 판단력으로 홀 양육자로서 자녀를 잘 키울 것임을 확

신한다.

즉, 결혼을 거부한 채 모성만을 선택한 자발적 비혼모 2의 체험은 가부장적 결혼생활보다 주체적 인생관과 경제력을 기반으로 자신의 정체성을 나눌 아이와 행복을 바라게 되고, 정상가족에 대한 인식에서 자유로워지며, 자녀의 미래를 위해 책임과 의무를 다하는 양육자를 선택하는 것이다.

결혼을 거부하고 모성만을 선택한 자발적 비혼모 3의 체험 내용은 다음과 같다.

아이를 낳은 건…… 정말 감격할 일이었어요. 세상에 내 편하나 생겼고…… 내가 지켜야 할 무엇이 있다는 거……. 엄마가 되겠다는 결심이 인생에서 가장 멋진 결심이었다고 봅니다. 여전히 결혼에 대해서는 회의적이고요. 결혼을 하면 수많은 관계가 있어요. 시댁과…… 관계들이 엄청…… 결혼해서 맺는 관계가 복잡하거든요. 아이를 낳는다면 관계를 갖되…… 가족은 생기되…… 딱 아이랑 나잖아요. 아이랑 나…… 그것은 결혼을 해서 얻는 감당해야 할 굴레보다는 비교할 수가 없는 그거지요. 차라리 아름다운 굴레지요.

교재 중인 남자하고 사이에서 아이가 생겼는데 그냥 당연하게 받아들었어요. 그건 결혼해서 아내가 되겠다는 것과는 전혀 상관이 없는 일이었어요. 아이가 생겼다니까 좋았어요. 혼자서 아이를 기르는 일은 녹록지 않은 일이었지요. 아이가 상처받지 않을까 원망하지 않을까 걱정과 두려움으로 몸살을 앓은 적도 많았어요. 엄마는 결혼하지 않은 상태에서 널 낳았어! 어떻게 생각해? 그러면 아이는 '그렇다고 내가 커서 결혼을 못하는 건 아니잖아. 엄마가 결혼 안 한 거야. 엄마가 결혼 안 했다고 내가 커서 결혼 안 할 것도 없고…… 엄마의 삶이니까…….' 아이가 나의 삶을 인정해줘서 고맙지요.

무엇보다 힘들었던 건 뭇사람들의 시선을 의식하면서 전전긍긍했던 스스로의 마음 때문이었다는 걸 10년이 지나고서 깨닫게 되었어요. 그건 스스로에게 올무를 씌우는 거거든요. 자기가 할 수 있는 것만큼 해주면 되는데…… 사회적인 억압이나 강요보다 미혼 엄마들이, 결혼 안 한 엄마들이 스스로한테 너무나 굴레를 많이 씌우는 거 같거든요. 내가 애한테 더 잘해줘야 하겠다. 아빠의 몫까지 잘해줘야 하겠다……. 뭐 그런데 할 수 없는 부분들은 인정을 하고 할 수 있는 것만 최선을 다해서 그렇게 하는 게…… 그게 더 현명한 거 같아요. 세상의 잣대나 세상의 시선에서 스스로 자유로워져야 겠다고 결심하게 된 거지요. 그렇게 하니까 아이도 크면서 오히려 자신의 방식대로 상황을 받아들이더라고요. 아빠가 없다는 거…… 이젠 아빠가 동경의 대상이 아니라 다름의 하나라고 인정하고 받아들이게 된 거지요.

결혼을 거부하고 모성만을 선택한 자발적 비혼모 3의 체험을 축약하면 다음과 같다.

* 아이는 내가 지켜야만 하는 존재이고 내 편이므로 엄마 됨은 가장 멋진 결심이다.
* 아기를 낳으면 가족은 생기되 결혼해서 맺어야 하는 복잡하고 감당해야 할 굴레와는 비교도 될 수 없는 아름다운 굴레이다.

* 아내가 되겠다는 것과 상관없이 교재 중 생긴 아기를 당연히 가족으로 받아들인다.
* 혼자 아이를 기르는 일은 녹록지 않으며 아이의 상처와 원망을 걱정하였다.
* 비혼모인 엄마의 삶을 인정해주는 아이에게 고맙다.
* 비혼모들은 뭇사람들의 시선을 의식하여 아이에게 아빠 몫까지 잘 해줘야한다고 스스로에게 올무를 씌웠다.
* 부족한 부분은 인정하며 최선을 다함이 더 현명함을 깨달았다.
* 아빠가 없다는 것은 다름의 하나라고 인정하며 세상의 시선에서 자유로워졌다.

즉, 결혼을 거부한 채 모성만을 선택한 자발적 비혼모 3의 체험은 자녀의 존재자체가 살아가는 의미와 힘이 되고 복잡한 결혼생활에 비교할 수 없는 아름다운 구속이며, 홀로 힘겹게 양육하며 세상과 자녀로부터 받게 될 원망과 비난의 두려움은 인정과 기쁨으로 바뀌어 비혼모 가정을 다양한 가족의 하나로 선택하는 것이다. 비혼모 여성에 있어서 아이의 존재는 그 자체가 삶에 의미이며 지지가 되었고 엄마 됨은 행복한 것임을 알게 하였다. 또한 비혼모로서 아기를 출산하는 것은 복잡한 결혼생활과는 견줄 수 없는 아름다운 구속이나, 아기를 홀로 양육하는 과정은 힘겹고 세상으로부터 아이가 받게 될 아픔과 아이로부터의 비난이 두려웠지만 자신의 결정을 존중해주는 자녀에게 감사하게 되었다. 그리고 타인의 시선을 의식하며 아버지의 부재를 메워주려 했던 과잉노력에서 벗어나 비혼모자 가족도 다양한 가족형태들 중 하나임을 인식하게 되었다.

결혼을 거부하고 모성만을 선택한 자발적 비혼모 4의 체험 내용은 다음과 같다.

아직은 여자들이 결혼을 했을 경우에 특히나 희생해야 하는 부분이나 감내해야 하는 부분이 너무 많다고 생각하거든요. 저 같은 경우에는 제 이름으로 살 수 있는 인생하고 이 아이의 엄마, 그 정도 역할로도 충분하다고 생각하거든요. '꼭 결혼을 해야지 행복하다. 아니면 결혼을 꼭 해야겠다. 꼭 결혼해서 아이를 낳아야겠다' 그거에 대해서는 크게 중요하다고 생각하지 않아요. 아이를 낳는 데 정해진 순서나 법칙은 없다고 봅니다.

처음에 마음을 열기는 그렇게 쉽지가 않았는데 아이가 하루하루 크는 모습을 보면서 아, 내가 한 선택한 출산이고 내가 숨겨놓으려고 낳은 아이도 아니고, 이 아이가 바르게 자라주기를 바라면서…… 떳떳하고 다른 사람들 앞에서 자신감 있는 아이가 됐으면 했거든요. 그랬기 때문에 오히려 더 얘기를 해야겠다는 생각을 했어요. 선입견으로 보던 사람들도 이 아이를 보면 그런 선입견이 없어진다고 하더라고요. 그런 부분이 되게 고마워요. 아버지가 2년 전쯤에 되게 편찮으셨었거든요. 아이한테 많이 의지를 하셨어요. 같이 병원을 많이 다닐 때 할아버지가 힘들어 하실 때 아이가 재롱도 많이 떨고 할아버지 많이 걱정해 주고……. 가족들한테 평생 상처로 남을 것 같은 아이였는데 오히려 아이로 인해 상처를 덮고 힘이 돼 준 거지요. 온가족의 보물이 된 거에요. 저희 가족들한테 이 아이는 엔도르핀 같아요. 내가 일하는 사무실 한 쪽에 아이의 자리를 마련해 줬어요. 애가 나랑 같이 있겠다고 하면 항상 일터에 데려가요. 아이가 내가 하는 일을 방해하지 않고 자기 놀 거를 눈치껏 다 찾아서 놀아요. 지금은 아이가 필요할 때 옆에 있어줄 수 있고…… 그 정도만 바빴으면 좋겠어요. 그 정도만 잘 됐으면 좋겠어요. 육아에 방해되지 않도록 시간과 장소를 아이와 나누고 싶었어요. 그래야 나도 행복할 수 있어요. 고민 끝에 창업을 한 거지요. 어딘가 모자라는 사람…… 아이가 분명히 사랑을 덜 받거나 환경적으로 완벽하지 않은 가정에 있었기 때문에 문제 아이가 될 소지가 많다는……그런 편견 같은 거 때문에 힘든 거 같아요. 저희는 정말 아무렇지 않고 행복한데…… 호기심에 너무 사람들이 왜곡해서 보지 않았으면 어차피 사람 사는 건 다 똑같거든요. 내 선택이 사회적으로 존중되길 바라는 거지요.

가족들이 아이의 장래를 생각한다면 성을 생부의 성으로 해야 한다고 해서 (올렸어요)……. 2008년 1월부터 호주제가 폐지되고 가족관계등록제도에 따라서 아이의 성과 본을 내 성과 본으로 바꾸었어요. 아무런 의미도 없는 생부의 성과 본을 따르는 것 보다는 내 성을 함께 쓰며 단 둘뿐인 가족이지만 오롯이 한 가족으로 인정받고 싶은 거지요. 완전한 가족이 되기 위한 또 한 번의 선택인 거지요. 이 선택이 아이에게 짐이 아닌 힘이 되길 바라는 마음이 간절하지요. 엄마가 너를 키우는 동안 행복했다고 말할 수 있으면 제 욕심일 수도 있겠지만 이해할 수 있을 거다…….

결혼을 거부하고 모성만을 선택한 자발적 비혼모 4의 체험을 축약하면 다음과 같다.

* 결혼해야만 행복한 것은 아니며 아이를 낳는 데 정해진 순서나

법칙은 없다고 봄. 내 이름으로 사는 인생과 아이 엄마 역할로 충분하다.

* 마음을 열기 쉽지 않았으나 내 선택으로 낳은 아이가 잘 자라주길 바라기에 이야기하게 됨. 아이가 구김살 없이 커서 사람들과 잘 지내어 선입견을 없애주니 아이에게 고맙다.
* 가족들에게 평생 상처로 남을 것 같았던 아이가 오히려 가족들의 보물이 되어 상처를 덮고 힘이 된다.
* 육아를 위해 창업하여 아이와 시간과 장소를 함께 하며 일하니 행복하다.
* 완벽한 환경에서 크지 못해 문제아가 될 소지가 있다는 왜곡된 시선과 편견으로 힘듦. 내 선택이 사회적으로 존중되길 바란다.
* 장래를 위해 아이를 생부의 호적에 올렸으나 호주제 폐지로 가족관계등록제도에 따라 엄마인 내 성을 따르도록 법적 절차를 밟음. 완전한 가족이 되길 바랐던 엄마의 선택이 아이에게 힘이 되길 바란다.

즉, 결혼을 거부하고 모성만을 선택한 자발적 비혼모 4의 체험은 자신의 의지대로 모성으로 살아감에 만족하며 비혼모 가정이라는 부정적인 견해를 헌신적 양육으로 극복하니 주변과 원만한 관계를 이루게 되고 가족법에 의한 합법적인 가족으로 완전한 가족을 선택하는 것이다. 행복하기 위해 결혼을 선택하기보다 나답게 살면서 어머니 됨에 만족하였고 아버지 없는 가족에 대한 사회적 시선과 편견을 넘어서기 위해 헌신적으로 양육하여 자녀가 잘 성장해 주변인의 선입견과 상처를 덮어 줄 만큼 자녀가 잘 성장하였기에 사회적 시선이 힘들지만 법적으로 엄마 성을 따르며 완전한 가족을 꿈꾸며 선택이 존중되기 바라는 체험이었다.

결혼을 거부하고 모성만을 선택한 자발적 비혼모 5의 체험 내용은 다음과 같다.

평범한 가정에서 아기를 낳아 기르고 싶다는 생각이 있었지만, 자궁외 임신을 두 번 겪으면서 거의 절망에 가까운 세월을 보냈거든요. 그래서 두 번이나 이혼하게 되고…… 선택의 여지가 없었어요. 아기를 낳아야 한다……. 난 아기를 낳고 싶다는 마음이 너무나 강렬했기 때문에…… 정자은행을 통해서…… 인생의 전환점이 된 거지요. 혼자 일과 육아를 어떻게 병행할지도 신중하게 생각할 문제죠. 결혼은 싫고, 아이만 원한다는 건 매우 위험한 발상입니다. 아이는 엄마 아빠의 사랑이 100% 필요하거든요. 절대 비혼모를 낭만으로 생각하지 않았으면 좋겠어요.

가장 상처받을 때가 사람들이 아기 인생은 생각하지 않나? 아이가 자기 소유물인가? 그렇게 툭 던지는 말에 너무 마음이 아팠어요. 아기 엄마는 나예요. 누구보다 그 문제에 있어서는 내가 가장 절실하거든요. 내 선택이 아이를 불행하게 하지 않을까? 이 아이를 낳아도 될까? 내 선택이 바른 선택일까? 이런 생각을 자꾸만 되새기게 되니까……. 아빠가 있는 경우는 아빠를 가르치는데 난 그걸 가르쳐야 하나 말아야 하나……아빠를 어떻게 가르쳐야 하지? 그게 난감한 거예요. 꼬마 애한테 그걸 어떻게 말해줘야 할지 그게 첫 번째 숙제예요. 그리고 아이가 자랄수록 그 숙제는 점점 더 어려워집니다……. 나중에라도 아이에게 '형식적인 아빠'를 만들어주고 싶은 생각은 전혀 없어요. (그래도) 아빠가 없어도 괜찮겠는가 하는 게 숙제이지요.

내 아이에게 주어진 숙제를 혼자서 풀게 하지는 않을 거예요. 이게 잘한 선택일까 사람들이 뭐라고 그러면 내가 진짜 이기적인 게 아닐까……. 지금은 아이가 태어나고 나니까 상처도 안 받아요. 내가 흔들리거나 뒤로돌아서서 눈물짓거나 하면 안 된다는 생각. 애를 위해서 정말 강해져야 하고 세상에서 가장 단단한 방패막이가 되어야 한다고 생각하니까 괜찮아요. 세상에 모든 조건을 완벽하게 갖고 태어나는 아이는 드물다고 생각해요. 우리 아이는 단지 부족한 부분이 있는 것뿐이고. 그걸 극복할 수 있도록 도와주는 게 제 몫이에요.

결혼을 거부하고 모성만을 선택한 자발적 비혼모 5의 체험을 축약하면 다음과 같다.

* 불임과 이혼의 절망 후 아기를 낳고 싶은 강렬한 마음으로 정자은행을 통한 임신을 선택하여 인생의 전환점이 되었다.
* 비혼모는 낭만적 생활이 아니었다.
* 내 선택으로 아이가 불행하지 않도록 선택에 대해 반복적으로 되새겼다.
* 아기에게 아빠를 어떻게 가르칠지 숙제이나 형식적 아빠를 만들어주고 싶지는 않다.
* 내가 아이를 위해 강한 방패막이가 되어야 한다고 생각하고 아이가 부족함을 극복할 수 있도록 도와주는 게 나의 몫이다.

즉, 결혼을 거부하고 모성만을 선택한 자발적 비혼모 5의 체험은 결혼의 절망 끝에 정자은행을 통한 비혼모 됨은 인생의 전환점이 되었으나 낭만적 생활은 아니며 존재로서의 자녀에 대해 심사숙고하며 자녀의 삶에 부족함을 공동 해결하기 위해 강인한 모성을 선택하는 것이다. 그녀는 이혼 후 정자은행을 통해 출산하여 인생의 전환점이 되었으나 비혼모는 낭만적 생활이 아님을 강조하였고 소유물이 아닌 존재로서의 자녀에 대한 심사숙고와 아버지의 부재 해결을 끊임없이 고민하면서 자녀의 삶의 부족한 부분을 함께 해결하기 위해 강인한 세상의 방패가 될 것이라 결심하였다.

결혼을 거부하고 모성만을 선택한 자발적 비혼모의 체험에서 추출한 핵심개념으로 체험의 구조는 다음과 같다.

참여자 1은 갑갑한 결혼보다 준비된 비혼모자 가족을 그리며, 양육계획과 노력으로 행복하고 당당한 비혼모를 선택하는 과정을 보여주었다. 입양을 선택한 비혼모로서 평소 자녀와 어머니로만 구성된 가정을 상상하였으며 이를 가능케 하기 위해 제한적 상황들을 계획과 노력으로 극복 강화하면서 비혼모로 변형되어 가는 과정을 나타내어 주었다.

참여자 2는 충분한 경제적 기반을 갖춘 이후 주체적 삶으로서의 자신의 정체성을 나눌 수 있는 자녀와 행복하게 살고 싶다는 가치화를 나타내었다. 그녀는 세상이 부여한 정상가족의 틀에 얽매여 비혼모자의 삶을 은폐하려 하지 않고 있는 그대로를 드러내고자 하였다. 또한 책임과 의무를 다해 아이를 행복하게 양육하고자 하는 강화성으로 충실한 입양 비혼모로 변형되어 가는 모습을 보여주었다.

참여자 3은 자녀란 복잡한 결혼생활과 비교할 수 없는 생의 의미와 아름다운 구속이라는 가치화를 드러내었다. 허나 홀로 양육하는 과정의 힘겨움과 동시에 세상과 자녀로부터 받게 될 원망과 비난으로 비혼모를 선택한 삶에 제한성을 경험하였다. 그러나 이제는 그들로부터 자신이 선택한 삶을 인정받게 됨으로써 비혼모의 삶은 기쁨으로 가능케 되어 타인의 시선에서 벗어나 비혼모자 가정을 다양성으로 인식하게 되는 변형의 과정을 체험하게 되었다.

참여자 4는 자신의 의지대로 살면서 아내가 아닌 어머니가 된 삶 자체로도 충분히 만족할 수 있다는 가치화를 드러내었으며, 비정상가정이라는 세상의 시선 속에서도 자녀와 자신의 존재를 은폐하지 않고 노출시켰으며, 헌신적 양육으로 극복하고, 호주제폐지로 법적 정상성을 갖추려는 강화성을 통해 비혼모의 선택이 사회적으로 존중되길 원하고 있다.

참여자 5는 불임으로 두 번의 이혼이라는 삶의 절망 속에서 정자은행을 통해 비혼모가 되어 인생의 전환점을 체험하나 이는 낭만적 선택이 아니라는 가치화를 보여주었다. 또한 소유가 아닌 존재로서의 자녀에 대해 자녀출산과정에서 수많은 고뇌와 연계-분리되었으나 비혼모자 가정을 선택함으로써 감당해야 할 숙제를 강인한 모성으로 강화시켜 자녀와 공동 해결하겠다는 독창성을 드러내고 있다.

또한 결혼을 거부하고 모성만을 선택한 비혼모의 체험에 대한 발견적 해석의 결과는 네 개의 구조로 나타났다.

첫째, 세상이 강요하는 제도로부터 벗어나기 위한 선택을 하였다는 것이다. 즉, 강요된 역할과 희생을 요구하며, 버려야 할 게 많은 결혼생활보다 엄마와 아기로 된 가족을 기대하였다는 것이다. 그냥 결혼했기에 낳은 아이들, 이혼해서 상처받은 아이들보다 결혼하지 않고 데려와 키운 아이가 더 잘 자랄 거라 말할 수 없을 것이다. 아기를 낳으면 가족은 생기되 결혼해서 맺어야 하는 복잡하고 감당해야 할 굴레와는 비교도 될 수 없는 아름다운 구속이 되는 것이다.

둘째, '나와 자녀'로만 이루어진 이상적인 가족으로 살아가는 선택을 하였다는 것이다. 즉, 남성에게 맞춰 살아야 하는 결혼보다 자기 주도적 삶을 살고 싶었기에 내 이름으로 사는 인생과 아이 엄마 역할로 충분하다고 보았다는 것이다. 그녀들은 아이 때문에 불행한 결혼을 선택할 수는 없었고 결혼해야만 행복한 것은 아니라 여기며 홀 양육자이나 책임감과 판단력으로 자녀를 잘 키울 것임을 확신하게 된다. 또한 자녀는 언제나 내 편이 되므로 그녀들에게 엄마 됨은 가장 멋진 결심인 것이다. 서로 사랑하고 사랑받을 수 있는 아이가 필요하였고 경제적 여유와 더불어 인생관이 확고해지면서 내 성(姓)을 물린 아이와 행복하게 살고자하였다. 아이는 내가 지켜야 할 그 무엇이 되며, 좋은 엄마가 되고 싶어 봉사 등을 통해 엄마 됨을 시험하기도 한다.

셋째, 외롭고 힘든 홀 양육과정과 사회의 부정적 시선을 견디어야 하는 선택을 하였다는 것이다. 즉, 혼자 아이를 양육하며 경제적 책임을 지는 일은 녹록지 않으며 아이의 상처와 원망을 걱정하며 몸살을 앓게 된다. 사회적 억압이나 강요보다 뭇사람들의 시선을 의식하여 아이에게 아빠 몫까지 잘 해줘야 한다고 스스로에게 올무를 씌우기도 한다. 그러나 부족한 부분은 인정하며 최선을 다함이 더 현명함을 깨닫게 되면서 이제는 아이를 세상에서 지켜주는 방패막이가 될 것을 다짐한다. 장래를 위해 생부의 호적에 올렸던 아이를 법적으로 엄마 성을 따르도록 절차를 밟으면서 완전한 가족이 되길 바랐던 엄마의 선택이 아이에게도 힘이 되길 원하고 있는 것이다.

넷째, 법적인 다양한 가족의 하나로서 세상과 함께 자유롭고 당당히 살아나가는 선택을 하였다는 것이다. 즉, 엄마의 역할을 아빠가 없는 것에 대한 이유를 찾기보다 존재하는 아이의 행복을 위해 살아가는 것이며, 자신이 가족으로부터 수용받게 되고 가족들에게 평생 상처로 남을 것 같았던 아이가 성장하여 가족에게 힘이 되고 비혼모인 엄마의 삶을 인정해 주니 감사하게 되었다. 아빠 없는 비혼 모자가정도 다양한 가정들 중 하나라 인식하게 되니 세상의 시선으로 부터 자유로워진다는 것이다.

이렇게 통합된 구조는 <비혼모를 위한 기도>라는 시의 일부 표현을 통해 강화되어진다.

뭇사람들로부터 손가락질을 당하며
무시를 당하며
말로 표현할 수 없는
모진 마음의 고통으로
꽁꽁 언 가슴 위에
따뜻한 장작불을 피워
당당하게 살아갈 수 있게 하소서.
<최정임(2002), 비혼모를 위한 기도[6]>

결혼을 거부하고 모성만을 선택한 비혼모가 체험했던 삶의 과정은

6) 원제는 '미혼모를 위한 기도'이나 본 내용구성에 따라 '비혼모를 위한 기도'로 임의 전환함.

세상의 뭇사람들로부터 손가락질을 당하며 무시를 당했고 그러한 모진 고통은 말로 표현할 수 없을 만큼 아팠다는 시구로부터 느낄 수 있듯이 그녀들의 내면은 이미 꽁꽁 언 가슴이 되어 버렸다. 그렇지만 아름다운 생의 구속이며 인생의 전환점이 된 비혼모의 자녀는 삶의 활기가 되어 얼어버린 가슴을 따뜻하게 녹여주는 장작불로 은유되고 있다. 이제 비혼모는 강인한 모성을 발휘하여 다양한 가정의 일부로서 정상화를 찾아가고자 분투노력하고 있으며 있는 그대로의 존재로서 인정받아 당당하게 살겠다는 의지를 표현하고 있는 것이다.

비혼모들은 갑갑한 결혼제도에 얽매이기보다 나답게 살고자 하는 주체적 인생관을 전제하고 있었다. 따라서 그녀들은 삶의 의미와 생기가 되는 아이, 자신의 정체성을 물려줄 수 있는 아이, 그리고 아름다운 구속인 아이를 출산 또는 입양하여 어머니로서 기능하는 삶을 상상하였고 그것에 가치를 두고 있었다. 가족 구성원 간의 권력관계가 일방의 희생과 불평등이 예상되거나 요구되는 가족구조 내의 문제들은 오늘날 다양한 가족 형태로 도출되고 있으며, 그러한 다양성 중 하나로서 비혼모자 가족이 등장하게 되었음을 본 연구 참여자들이 제시한 의미를 통해 알 수 있다. 이러한 결과는 현대 결혼생활에서 나타나는 친밀한 가족역동의 중요한 요소들이 자신과 배우자와의 관계에서 나타나는 힘의 균형과 상호성의 존재, 자아 발전을 위한 선택의 자유, 단계적으로 발전되어 가는 관계와 연계된다는(Giddens, 1992) 점을 시사한다.

또한 비혼모는 배우자 없이 홀로 자녀를 양육하는 녹록지 못한 과정의 힘겨움, 세상과 자녀로부터 받게 될 원망과 비난으로부터 자유로울 수 없었던 삶에 제한성을 체험하였으나 오늘날 자신이 선택한 삶을 인정받게 됨으로써 비혼모의 삶은 기쁨으로 가능케 되었음을 알 수 있다. 그리고 세상이 부여한 정상가족의 패러다임으로부터 비혼모자 가정은 존립자체가 비정상이므로 자녀와 비혼모의 정체성이 은폐되어야 하는 것에 당당히 맞서고 있는 모습을 보여주고 있다. 덧붙여 자녀를 입양하거나 출산하는 과정에서 이미 수많은 고뇌와 반추를 하며 세상의 부정적인 시선과 존재로서의 자녀를 끊임없이 '연결－분리'시키는 과정을 보여주었다.

이는 비혼모 자신이 비혼모를 선택하기까지 그리고 선택하면서 직면하게 되는 자기결정과정으로서 스스로에게 부여한 역량강화(empowerment)에 대한 인식을 촉진할 수 있는지의 역동적 과정이라 보인다. 비혼모들은 의미 있는 대상을 돌보고 애착과 같은 관계성 또는 연결에 선택적 가치를 보여주고 있는데 이는 여성 발달에 있어서 자기(self)라는 것이 분리보다 연결을 통해 성장 가능하다는 사실을 보여주는 것이라 할 수 있겠다(Surrey, 1991).

비혼모는 결혼이라는 테두리에서 벗어나 모성을 선택했다는 것으로 인해 원가족과 주변인들로부터 비난을 예상하게 되고 끝임 없이 타인의 시선과 편견을 의식하면서 상처받기 쉬운 주변인의 위치에 있어야 함을 깨닫게 된다. 하지만 비혼모 역시 자녀에게 여성 특유의 모성에 기반한 헌신적 보살핌과 애정을 제공하는 보통의 어머니이기에 자신이 진실로 원해서 출산하고 입양했던 아이의 행복과 존립을 보호하고자 강인성으로 강화하고 사회의 편견과 제한성을 극복하고 분투노력함으로써 비혼모자가정을 다양성의 일부로 인식하게 되는 변형성을 나타내고 있다. 나아가 독창성이라 함은 참여자 5의 경우 불임과 이혼 번복의 고뇌로부터 정자은행을 통해 비혼모가 되는 과정에서 자신의 자녀가 가진 결핍은 특별한 것으로 보이지만 세상에서 누구나 체험할 수 있는 다양성 중 한 가지 결핍으로 인식하고 있었으며 그렇기에 자신의 자녀는 그 결핍을 극복할 수 있다는 믿음을 갖고 있었다. 그러한 믿음을 전제로 자녀의 결핍을 자녀와 공동으로 해결하겠다는 각오를 드러내고 있다. 강화성, 변형성 그리고 독창성은 비혼모 자신이 비혼모를 선택하기까지 가졌던 주체성과 자율성을 역량강화를 통해 회복하고자 함이라 보이며, 자발적 비혼모의 초월성을 통합된다고 볼 수 있다.

본 연구에서는 오늘날 한국사회의 자발적 비혼모가 어떠한 선택을 하는지 탐색하였다. 30~40대의 비혼모 5명의 질적 자료 분석을 통해 '선택'으로 만들어진 가족 형태 역시 가족을 해체하는 것이 아니라 가족을 재구성해나가는 것이라는 관점을 얻을 수 있었다. 구체적으로 정리하면 다음과 같다.

첫째, 비혼모를 다양한 가족을 구성하는 적극적 주체(agent)로 파악하여 이들이 우리 사회 문화구조 속에서 흡수될 수 있도록 그들의 진솔한 선택 경험을 드러내주고자 하였다. 이를 통해 비혼모 자녀를 아버지 없이 성장한 호래자식이라는 비정상성의 관점에서 바라보기보다는 비혼모의 절실한 선택과정에서 출산 양육된 자녀라는 인식으로 전환시키고자 하였다. 거시적으로 볼 때 독신자를 포함하여 점진적으로 국내입양을 권장하는 분위기 속에서 형성되어가는 비혼모 가정에 대한 사회적 선입견과 낙인은 비혼모의 삶에 이중구속이 됨을 밝히고자 하였다.

둘째, 삶의 다양성 존중이라는 차원에서 가족도 여러 형태로 존재할 수 있음을 인정할 필요가 있음을 제시하고자 하였다. 비혼모의 선택과정은 과거 여성의 희생으로 가정이 유지되었던 가부장적 공간에서의 안정 추구를 거부하고 개인의 행복을 추구하는 또 다른 방향의 선택으로 인식이 전환된 것임을 밝혀보고자 하였다. 성별, 장애 등의 차별금지 항목을 선정하여 차별을 받을 경우 구제조치나 손해배상 등을 요청할 수 있도록 예고된 법인 '차별금지법안(2007)'에서 여전히 '가족형태와 가족상황'이 삭제됨으로써 비혼모 가정은 사회의 차별적 인식으로부터 여전히 보호받지 못하고 있는 상태이다. 즉, 비혼모 가정이 사회적 낙인으로 비정상 가정으로 분리되는 것은 건강한 모자 가정의 기능 여지를 훼손할 수도 있음을 강조하려 하였다.

셋째, 한국사회는 2007년 7월부터 시행된 독신자 입양법과 2008년 1월부터 시행된 호주제폐지로 대체된 가족관계등록부 시행을 기반으로 하여 가족 내 더 이상 호주로서의 아버지 없음(fatherless)의 문제가 가족기능에 걸림돌이 되지 않는다는 해석을 가능케 하였다. 하지만 대다수 사람들의 인식 속에는 법적 해석보다 처음부터 아버지가 없는 가정을 선택했다는 이유가 정상가정의 출발점에서 벗어난다는 규범적 사고방식으로부터 자유롭지 못하기에 비혼모가 되기 위한 선택과정과 선택 이후에 남게 되는 결과들을 기꺼이 감당하고 해결하기 위해 비혼모 개인과 자녀의 심리사회적 특성에 대한 관심과 이해의 중요성을 강조하였다.

이러한 결론을 바탕으로 가족복지적으로 어떻게 접근해야 할 것인지에 대하여 함의를 찾아보면 다음과 같다.

첫째, 가족적으로 비혼모들에게는 돌봄(양육)과 생활비를 벌어야 하는 자연스런 이중고를 어떻게 해결해야 하는가가 가장 중요한 이슈이다. 가정과 직장에서 지속적으로 요구되어지는 시간과 에너지 투입으로 인해 비혼모들이 환경적 불안에 연계될 수밖에 없게 된다. 본 연구의 내러티브를 통해 알 수 있듯이 비혼모들의 근로와 양육을 포함한 가정생활의 병행은 일반적인 가족들의 경험과 다르지 않다는 점을 강조하고자 한다. 나아가 양육과 가장으로서의 역할 병행은 직접적으로 비혼모 가정의 안녕(well-being)과 직결된다. 본 연구 참여자들의 경우 창업 또는 전문직 종사 등 비교적 안정적인 경제적 자원을 확보한 대상자라고 할 수 있으나, 이들 역시 경제적 요인과 양육의 질에 관련된 범주의 일상적 문제들로 분투해 나가는 과정이거나 과정을 거쳤다는 것을 알 수 있다.

둘째, 비혼모의 심리적 안녕(psychological well-being)은 비혼모 개인이 갖는 대처 전략과 사회적 지지로부터 발생되며 동시에 비혼모의 삶의 질에 상당히 중요한 부분이 될 것으로 파악되었다. 사회적 자본으로서의 가족과 친구들, 다양한 형태의 가족들과 지역공동체의 상호작용과 연계로부터의 사회적 지지는 비혼모 가정의 삶의 질에 핵심이 될 수 있다. 지지적 체계와의 상호작용을 통해 얻게 되는 심리적 안녕은 그 자체로도 비혼모에게 노출된 다양한 환경적 스트레스 요인의 수준과 무관하게 삶의 고통을 직접적으로 감소시켜주는 역할(Coyne, 2003)이 중요할 것이다.

셋째, 거시적으로 한국사회에서도 자발적 의지에 따른 비혼모의 선택을 존중해줄 수 있는 '보듬어 주는 환경(holding environment)'의 필요성을 강조하고자 한다(이재훈 역, 1999). 아동에게는 어머니의 안아주는 양육환경이 필요하듯 비혼모의 삶에서도 이러한 환경은 늘 필요하다고 보인다. '안아주는 환경'을 제공하는 공동체는 인간 성장과 정서적 안점감에 최적의 환경을 제공할 것이며 사회적으로 또는 스스로 수용될 만한 존재로서의 자기를 발견하는 데 기여하게 될 것이라 본다. 따라서 비혼모의 선택과정과 그 결과로서 만들어진 가정이 정상성을 인정받고 수용되기 위해서는 그들을 '다름'으로 분리시키기보다는 다름의 다양성을 보듬어주는 사회적 공동체로의 가치 발휘가 전제되어야 될 것이다.

〈백작부인 안나 프로타소바와 조카딸의 초상,
안젤리카 카타리나 마리아 안나 카우프만, 1789〉[7]

7) 그림 속의 인물들이 마치 비혼모와 딸을 연상시키는 듯 다정한 모녀의 모습이다.

참고문헌

김윤숙. (1992). 「미혼모 사회복지에 관한 실증적 연구」. 단국대 석사학위 논문.

김정심. (1988). 「미혼모 욕구에 대한 조사 연구: 정책 및 서어비스 프로그램을 위한 방향모색」. 연세대학교 석사학위 논문.

박은하. (2003). 「비혼모와 비혼모 정책에 대한 여성주의적 연구」. 숙명여대 석사학위 논문.

박숙희. (2001). 「미혼모의 아동과 양육에 관한 연구 - 미혼모 보호시설 이용자를 중심으로」. 이화여대 석사학위 논문.

서울시 홀트아동복지회. (1981). 『제1회 보호여성 세미나. 미혼모의 실태와 예방 자료집』. 홀트아동복지회.

심경미. (2002). 「비혼여성에 관한 연구: 30대 중반 이후 40대 여성의 경험을 통해 본 비혼에 영향을 미치는 사회문화적 요인을 중심으로」. 이화여대 석사 논문.

성정현 · 여지영 · 우국희 · 최승희. (2004). 『가족복지론』. 경기: 양서원.

이민영 · 김현경. (2007). 「새터민여성의 이주로 인한 상실 체험」. 『사회복지연구』, 35, 541~569.

이재훈 역. (1999). 『정신분석학적 대상관계이론』. 서울: 한국심리치료연구소.

임도아. (2004). 「비혼모의 정체성 형성 과정에 관한 연구」. 한양대학교 석사학위 논문.

한국여성개발원. (1984). 『미혼모 실태에 대한 연구』. 한국여성개발원 연구보고서.

한국여성개발원. (1990). 『한국가족정책에 관한 연구 - 여성, 아동복지 서비스를 중심으로』. 한국여성개발원 연구보고서.

황성동. (2007). 『알기 쉬운 사회복지조사방법론』. 서울: 학지사.

법무부. (2007. 12. 4.). 『차별금지법안』. 인권국 인권정책과.

최정임. (2002). 『비혼모를 위한 기도』. 세계선교문학회 동문지, 1(6).

한국 브리태니커 사전. (2008). http://www.britannica.co.kr.

동국미디어 센터. (2008). 『미스맘에 대한 이해』. www.donggukin.org.

국립국어원. (2008). 선택, 『비혼모』.

Ben-Ari, A. and Weinberg-Kurnik, G. (2007). The Dialectics between the personal and interpersonal in the experiences of adoptive single mothers by choice, Sex Roles, 56, 823－833.

Blankenhorn, D. (1993). Fatherless America: Confronting our most urgent social problem, New York: Basic Books.

Bock, J. D. (2000). Doing the right thing? Single mothers by choice and the struggle for legitimacy, Gender and Society, 14(1), 62－87.

Burns, A, & Scott, C. (1994). Mother-headed families and why they have increased, Lawrence Erlbaum, New Jersey.

Carter, B. and McGoldrick, M. (1999). The Expanded family life cycle: Individual, family and Social perspective, Allyn and Bacon, 1－26.

Coyne, G. (2003). An investigation of coping skills and quality of life among single sole supporting mothers, International Journal of Anthropology, 18(3), 127－138.

Gerson, K. (1997). The social construction of fatherhood, In T. Arendell(Ed.), contemporary parenting: Challenges and issues(35－48), Thousand Oaks, CA: Sage.

Giddens, A. (1992). Transformation of intimacy: sexuality, love, and eroticism in modern, Stanford Univ Press.

Groze, V. K., and Rosental, J. A. (1991). Single parents and their adoptive children: A psychosocial analysis, Families in Society, 9, 67－77.

Hertz, R. (2006). Single by chance, Mothers by choice, Oxford University Press.

Linn, R. (1991). Mature unwed mothers in Israel: Socio-moral and psychological dilemmas, Lifestyles: Family and Economic Issues, 12, 145－170.

Mcdonald, C. L. (2008). Life without father: Single mothers in the New America, Qual Sociol, 31, 89－94.

Mannis, V. S. (1999). Single mothers by choice, Family Relations, 48, 121－128.

Miller, N. (1992). Single parents by choice: A growing trend in family life, New York: Insight Books.

Rogers-Dillon, R.(2008). Single by chance, Motehrs by choice: How Women are Choosing Parenthood Without Marriage and Creating the New American Family By: Rosanna Herz, 45, 90－92.

Russell, D. (1995). Women, madness, and medicine, Cambridge: Polity.

Segal-Engelchin, D. & Wozner, Y.(2005). Quality of life of single mothers by choice in Israel, Source Moarriage & Family Review, 37(4), 7－28.

Schmitz, C. L. & Steiger, T. S. (1999). Diversity in single-parent families: Working from strength, Families international, Inc., Wisconsin.

Shireman, J. F. (1996). Single parent adoptive homes, Children and Youth Services Review, 18, 23－36.

Surrey, J. (1991). The self in-relation: A theory of women's development, In J. Jordan, A. Kaplan, J. B. Miller, I. Stiver, and J. Surrey(Eds.), Women‘s growth in connection: Writings from the Stone Center(51－66), New York: Guilford.

Tietjens-Meyers, D. (2002). Intersectional identity and the authentic self? Opposites attract! In C. Mackenzie and N. Stoljar(Eds.), Relational autonomy: Feminist perspectives on autonomy, agency, and the social self(151－180), New York: Oxford University Press.

U. S. Census (2005). http://www.census.gov/

U. S. Department of Health and Human Services (2006). The adoption and Foster Care Analysis and Reporting System, Interim FY 2003 estimates as of June 2006 (10). Administration for Children and Families. from http://www.hhs.gov/ocr/hipaa/

Walsh, F. (2003). Normal family processes : growing diversity and complexity(3rd ed.), New York/London: The Guilford Press.

Willig. C. & Stainton-Rogers, W. (2008). The SAGE Handbook of Qualitative Research in Psychology, Sage Publication.

제 3 장 대리모 여성과 불임부부

국내 자녀출산율은 2008년 1.19명으로 경제협력개발기구(OECD) 평균 1.73명에도 미치지 못하고 있다. 2009년 출산율은 1.12명으로 더 급격하게 감소하고 있는 추세이다(Economic, Environmental and Social Statistics of OECD, 2010). 자녀를 의도적으로 출산하지 않고 맞벌이 부부 중심으로 살아가는 DINK(Double Income No Kids) 부부도 있지만 자녀를 출산하고 싶어도 가능치 않은 불임부부의 고통도 상당히 심각하다. 국내 불임부부는 2000년 기준으로 약 140만 쌍에 이르고 있으며 그 추세는 해마다 증가하고 있다. 건강보험공단에서 진료를 받은 불임 환자의 통계 <2005~2007년 불임증 질환 진료인원 현황>에 따르면 2005년 13만 995명, 2006년 14만 9,369명, 2007년 16만 4,583명인 것으로 나타났다. 이것은 2년 만에 1.2배 이상 증가한 수치이다. 또한 불임으로 진단된 가임기의 여성은 7명 중 1명 정도이며 환자의 수는 남성에 비해 다섯 배 이상 많은 것으로 조사되었다. 하지만 이런 현상은 불임의 책임을 부부가 아닌 여성에게만 지우려는 전통적 가족관도 반영되었다고 할 수 있겠다(국민건강보험공단, 2005, 2006, 2007).

그러나 오늘날 현대의학기술의 발달로 보조생식술(Human Assisted Reproduction)은 불임부부들의 고통을 극복하고 임신과 출산의 가능성을 열어주었다. 하지만 보조생식술에 대한 윤리적 문제에 대해서는 여전히 상당한 비판과 딜레마가 공존하고 있다. 불임부부들 중 처의 자궁으로 아이를 임신하는 것이 불가능한 경우 과거에는 씨받이 또는 첩실제도로 해결 가능하였으나, 보조생식술의 발달로 직접적인 성관계가 없이 대리모를 통해 자녀를 출산하는 것이 가능해졌다(오호철, 2009: 강남진, 2001). 국내에서 대리모를 통해 출생하는 자녀가 한해 적어도 100여 명 이상 되는 것으로 추산되고 있다(동아일보, 2001. 11. 16). 또한 인터넷을 통한 대리모 알선과 지원이 사회문제로 나타나고 있다. 최근 상영되었던 SBS 방송 드라마 '천만 번 사랑해'에서도 주인공 여성이 대학시절 대리모 경험으로 인해 신혼생활이 파탄을 맞게 되는 내용이 다루어졌었다. 그럼에도 불구하고 국내 선행연구에서 대리모 여성의 언어를 반영한 연구는 거의 드물다. 따라서 본 연구에서는 20~30대 여성들이 어떠한 이유로 대리모를 선택하게 되는지, 대리모 역할 수행과정을 통해 체험하게 되는 심리사회적 고통 현상에 대한 의미와 구조를 밝히고자 한다. 좀 더 구체적으로 설명하자면 대리모의 모성을 중심으로 한 심리적 고통과 그녀들을 둘러싼 법률구조적인 사회적 고통의 현상을 중심으로 보고자 한다. 이러한 연구의 실행은 대리모 여성 경험을 있는 그대로 존중하고 이해하여 가족관련 실무자 및 정책입안자들의 인식의 지평을 확장시키는 데 목적이 있다.

일반적으로 대리모란 '출생한 자를 타인에게 인도할 것을 내용으로 하는 당사자 간의 합의에 의해 부 이외의 자의 정자로 수정한 후 임신 및 출산한 여성'으로 정의하고 있다. 이러한 정의에는 대리모 자신이 제공한 난자를 통한 수정(유전적 대리모, 전통적 개념의 대리모) 또는 의뢰여성의 난자로 출산만을 대신하는 대리모(완전대리모, 출산 대리모, 자궁대리모)를 포함하게 된다(강남진, 2001; 오호철, 2009; 이상돈, 2003). 또한 '부인의 자궁에 이상이 있는 불임부부가 자녀를 갖는 것을 돕기 위하여 그 부인을 대신하여 자신의 자궁으로 태아를 양육하는 여성'으로 정의될 수 있다(의사윤리지침 제56조 제1항, 2001).

영국에서는 1985년 대리모 계약법(Surrogacy Arrangement Act, 1985) 제1조 2항에서 대리모란 '출산한 아이를 타인에게 인도하고 그 타인으로 하여금 친권을 행사하게 할 목적으로, 그 아이를 임신하기 전에 체결된 계약에 따라서 임신한 여성'으로 규정하고 있다. 독일의 경우에는 1990년 입양중개법(Adoptionsvermittelungsgesetz) 제13a조에서 대리모란 '합의에 기초하여 (1) 인공적 또는 자연적 임신을 하거나 (2) 자신의 난자가 아닌 수정란을 자신에게 이식되도록 하거나 또는 기타 방법으로 임신하고, 출산 후 그 아이를 제3자에게 입양 또는 기타의 방법으로 영구적으로 인도하기로 한 여성'으로 정의하고 있다. 미국은 보조적 임신에 의한 아이의 지위에 관한 통일법(Uniform Status of Children of Assisted Conception Act) 제4조에서 '의뢰인 부부를 위해 보조적 임신을 통해 아이를 임신하기로 계약한 성인여성'으로 정의되고 있다. 보조적 임신이란 '직접적인 성관계 이외의 방법으로 정자와 난자의 수정 또는 배아 이식의 결과로 이루어진 임신'을 의미한다. 성관계 이외의 방법 그리고 성인여성을 강조함으로써 대리모를 씨받이나 매춘행위가 아니며 미성년 여성을 보호하려는 의지가 있다는 점을 내포하고 있다. 또한 의뢰인 부부(intended parents)는 동일법 제3

조에 따라 '부부의 일방 또는 양방의 정자나 난자에 의한 보조적 임신을 통해 대리 출생된 아이의 부모가 되기 위해 계약을 체결한 혼인한 부부'로 규정하고 있다. 이러한 정의는 '완전대리모와 유전적 대리모' 계약을 인정하며 의뢰인이 부부인 경우에만 허용함으로써 부부가 아닌 자에 의한 대리모 계약을 부정하는 것이다(강남진, 2001, pp.3~4).

대리모의 유형은 대리모가 출산의 대가를 받는지의 여부에 따라 상업적 대리출산(commercial surrogacy)과 대가를 받지 않는 이타적 대리출산(altruistic surrogacy)으로 구분할 수 있다. 하지만 이타적 대리출산이 대체로 가족 및 친인척 내에서 행하여지기 때문에 차후 출생자를 둘러싼 가족구조에 혼란을 초래하려 부정적인 영향을 미쳐 비판의 여지가 있다. 대리모의 유형은 정자와 난자, 그리고 자궁 제공자에 따라 분류되며 그 특징은 다음과 같이 구분된다(강남진, 2001; 박철호, 2009)

1. 대리모의 유형

1) 완전대리모(출산대리모, 자궁대리모, host mother)

부부의 정자와 난자를 채취하여 체외 수정시켜 이 수정란을 대리모의 자궁에 착상시켜 임신 및 출산하게 하는 방식이다. 이때 대리모가 출산한 자와는 유전적으로 전혀 무관하기에 이를 완전대리모라고 한다. 또한 출산대리모, 자궁대리모, host mother라고도 명명한다. 이러한 유형은 대리모 자신과 임신 출산한 자녀 간에 유전적 관계가 전혀 없기 때문에 대리모가 모성을 이유로 출생자의 인도를 거부할 가능성이 상대적으로 낮다. 또한 의뢰인 부부의 입장에서는 자신들의 완전한 유전적 형질을 물려받은 자를 출산시킬 수 있기에 가장 선호되는 유형이라 볼 수 있다.

2) 부분대리모(전통적 개념의 대리모, 유전적 대리모, surrogate mother)

가장 전형적인 대리모의 형태로서 의뢰인 처에게 불임원인이 있어 인공수정 방식으로 의뢰인 남편의 정자와 대리모의 난자를 수정하여 출산하는 방법이다. 이러한 경우는 인공수정방식 이전부터 의뢰인 남성과 대리모 여성의 직접적 성관계를 통해 임신 출산하는 방식, 즉 '씨받이'와 같은 전통적 제도가 있어왔다. 오늘날에도 이러한 방식으로 자녀를 얻는 경우가 없는 것은 아닐 것이다. 대리모 시장에서 브로커들이 이러한 방식을 유도하는 경우도 상당수 있는 것으로 나타났다. 의료적으로 볼 때 체외수정을 위한 난자 채취는 대리모 여성의 건강 문제와 직결되며 비용부담 측면의 어려움이 있는 것으로 나타났다. 또한 유전적으로 대리모 여성과 출생자가 연결되어 있기 때문에 출산 이후 의뢰인 부부와 대리모 여성 사이에 출생자를 두고 법적 사건이 발생할 가능성이 높다. 이러한 유형을 부분대리모, 전통적 개념의 대리모, 유전적 대리모, surrogate mother라고 명명한다.

대리모 관련 법안과 현황을 국가별 입법사례를 중심으로 범주화하여 그 차이와 특징을 파악해 보고자 한다(강남진, 2001; 박철호, 2009; 오호철, 2009; 이은주, 2008; 이인영, 2005; 엄동섭, 2005; 한겨레 21, 2007).

2. 국가별 대리모 규제

1) 규제 입법이 없는 국가

(1) 한국

우리나라는 현재 대리모 관련 법 규정이 되어 있지 않다. 2001년 대한의사협회가 제정 공포한 '의사윤리지침' 제56조에서 대리모에 관한 규정을 두고 있다. 동조 제2항에서는 금전적 거래목적의 대리모 관계를 인정하지 않는다고 규정하고 있다. 2003년 12월 '생명윤리 및 안정에 관한 법률'을 제정할 당시에도 대리모에 대한 허용범위 및 시비에 있어서는 논의가 거의 없이 제정되었다. 이후 2006년 두 개의 법률안이 국회에 제출되었는데 하나는 비상업적 대리출산을 허용하는 법안을 발의한 박재완 의원의 안이었다. 이는 '체외수정 등에 관한 법률안'으로서 제13조는 대리출산을 체외수정관리본부의 허가를 얻어 할 수 있고, 제14조는 영리적 목적의 대리출산을 금지하고 있다. 제15조는 대리모는 1회 이상 정상적인 출산경험이 있는 여성이어야 하며, 제17조는 1회에 한정하였다. 또한 제16조에서는 대리출산을 의뢰할 수 있는 자는 대리출산 이외의 방법 출산이 불가능한 부부이어야 하며, 부부의 생식세포만으로 수정란을 생성할 수 있어야 한다고 규정하고 있다. 제22조에서는 대리출산을 통해 출생한 자는 대리출산을 의뢰한 부부의 혼인 중의 출생자로 본다고 규정하였다. 하지만 대리모 계약을 전면 금지하는 법안을 발의한 양승조 의원은 '의료보조생식에 관한 법률안'은 출생할 아이의 법적 지위에 혼란이 따르고, 여성의 몸이 도구화될 위험이 크다는 이유를 강조하였다. 단지 조항에서 대리모 출산에 대한 의료비 지급청구 등 보건복지부령이 정하는 금액을 실비로 지급하도록 약정 부분은 일부 유효하다고 규정하고 있다. 그러나 두 개의 법률안은 17대 국회의회의 만료와 동시에 폐기되었다. 다만 보건정책과(2010)에 의하면 국회 보건복지위는 최대 두 차례로 제한된 불임부부의 시험관시술과 인공수정시술을 2010년 현재 세 차례로 늘려 고액의 불임시술 비용으로 인해 출산을 포기한 불임부부의 출산을 장려하려는 정책적 지원을 하고 있는 상태이다.

(2) 일본

일본은 2001년 6월 생식보조의료 실시조건 등에 관한 규제 정비를 검토하기 위해 후생과학심의회에서 생식보조의료부회를 설치하였다. 생식보조의료부회에서는 대리모를 인정해야 한다는 의견이 소수 대두되었지만 대리모는 사람을 단지 생식의 수단으로 다루게 되고, 안전성을 충분히 배려하기 힘들며, 출생한 자의 복지를 우선하기 힘들다는 점에서 금지한다는 결론을 내렸다. 또한 2003년 3월 일본산과부인과학회 회고를 통해 대리모를 금지하였다. 이유는 출생될 자의 복지를 최우선해야 하며, 대리임신은 신체적 위험성, 정신적 부담을 수반하고, 가족관계를 복잡하게 하여 대리모 계약은 윤리적으로 사회전체가 허용한다는 인정을 받지 못한다는 것이다. 따라서 대리모 시술을 행하거나 알선을 금지하는 규제를 하였다. 하지만 이 규제를 위반해도 제재는 제명처분에 그치기 때문에 의사는 진료행위를 지속할 수 있다.

2002년 일본에서는 50대 부부가 미국 대리모를 통해 자녀를 출산한 것이 문제가 되었다. 당시 일본은 50세 이상 부부가 해외에서 출산한 자녀와 함께 귀국한 경우 그 자녀가 실제자녀인지 여부를 조사

한다는 법무성의 통달에 의해 사실관계를 조사하게 되었다. 이 부부는 미국에서 대리모에 의해 출생한 자녀의 출생신고를 지자체가 수리하지 않았기에 문제가 되었다. 2005년까지 지속된 판결에서 가정재판소의 결정이 지지되었는데 여기서 대리모는 '사람을 오로지 생식의 수단으로만 다루로 제3자에게 임신출산에 의한 위험을 부담시키는 것은 인도상 문제가 있다'고 하였으며 대리모 계약은 미풍양속에 반하는 것으로 무효라고 하였다.

2) 주에 따라 금지 또는 허용되는 국가

(1) 미국

미국은 1976년부터 대리모 알선업이 존재하였으며 대리모 출산에 따른 금전적 문제와 신생아 매매라는 윤리적 문제가 처음 보고된 것은 1980년이었다. 1980년대 말에는 이미 매해 수백 건의 중개가 이루어지고 있었다. 미국에서 유전적 대리모에 관한 첫 사건으로는 1987년 Baby M 사건이라 할 수 있다. 이는 대리모 계약의 유효성과 출생자의 양육문제가 주된 쟁점이었다. 뉴저지 법원은 대리모 계약은 유효하므로 의뢰인 부부는 법적 입양에 필요한 절차를 수행할 수 있다고 하여 대리모의 친권주장을 기각하였다. 이에 대리모가 상소하여 상급법원에서는 대리모 계약은 제정법과 미풍양속에 반하는 것으로 무효라 하여 대리모를 법적인 어머니로 판단하여 친권종료를 인정하지 않았다. 다만 출생자의 이익을 고려하여 정자제공자인 의뢰인이 자녀를 양육할 것을 인정하였으며 대리모는 면접교섭권을 얻은 것으로 종료되었다. 완전대리모관련 판례로는 1990년 Johnson v. Calvert 사건이다. 이는 Calvert 부인이 자궁암으로 자녀를 임신할 수 없게 되어 Johnson이라는 대리모 여성을 의뢰받아 Calvert 부부의 정자와 난자를 수정시켜 수정란을 그 여성의 자궁에 착상시켜 출산하면 일만 달러의 수고비를 준다는 계약이었다. 또한 친권을 포기하기로 약정하였다. 하지만 대리모 Johnson은 여러 가지 이유를 들어 의뢰인 부부에게 출생아의 인도를 거절하면서 소송을 제기하였다. 법원은 Calvert 부부가 유전적으로 출생아의 부모임으로 양육권을 인정하였고 Johnson이 비록 생물학적인 어머니이기는 하지만 출생아와 유전적으로 전혀 연관이 없다는 이유로 항소심에서도 같은 판결을 내렸다.

미국에서는 친자관계에 관한 모델 법안으로 통일친자법(Uniform Parentage Act)을 발표하여 보조생식술을 '성적 관계 이외로 임신을 가능케 하는 방법'으로 규정하고 생식보조의료에 관한 규정도 두었다. 또한 유전적 대리모인 전통적 대리모의 규정을 두고 정자와 난자의 제공자는 출생자의 부모가 아니라 하였다. UPA 2000 제802호인 대리모 계약이 유효하기 위한 요건으로 대리모가 되려는 여성, 정자·난자의 제공자, 부모가 되려는 의뢰인 부부가 그 당사자들로서 대리모가 되려는 여성이 생식보조의료를 받는 것에 합의해야 하며, 출생자의 친권의무를 포기해야 한다고 하였다. 다만 대리모 여성이 출생자의 부모가 될 의사가 있다면 서면으로 계약이 유효로 되기 위한 법원의 사전심사 및 사후심사에 관한 규정을 두고 있다. 그러나 그 규정의 채택 유무는 각 주에 따라 다르다. UPA 2000에 의한 생식보조의료에 따른 친자관계 통일법은 제정되었으나 2010년 현재 Alabama, Delaware, New Mexico, North Dakota, Oklahoma, Texas, Utah, Washington, Wyoming 9개의 주가 UPA2000을 채택하고 있다.

(2) 호주

호주는 일부 주에서 상업적 대리모를 금지하고 있으나 일부 주에서는 이타적 대리모는 허용하고 있다. 1984년 '불임법'을 제정하였다. 이는 인공생식에 관해 각주가 설치한 정부위원회가 대리모는 체외수정으로 할 수 없도록 한 1984년 최종보고서인 '체외수정에 관한 배아의 취급에 관한 보고'에 기초한 입법이었다. 불임법은 대리출산계약은 무효이며 대리출산자의 권유, 모집 등 광고를 금하여, 대리출산 계약과 관련한 금전적 지급과 수령을 금한다는 규정이다. 위반 시 50PU 또는 2년 이하의 징역에 처한다. 따라서 상업적으로 주어지는 대리모 계약의 효력은 인정되지 않기에 계약을 위반하여도 그 이행을 강제로 청구할 수 없다고 규정되어 있다.

3) 비상업적 대리모만 허용하는 국가

(1) 영국

영국은 1985년 Cotton Baby 사건을 계기로 대리모에 관한 세계최초의 입법인 '대리모 계약법'이 제정되었다. 이 사건은 미국인 부부의 처가 불임으로 임신이 불가능해지자 1985년 미국의 대리모 중개업자에게 의뢰하여 영국여성과 6,500파운드를 지급할 것으로 대리모 계약을 맺었다. 대리모는 출생자에 대한 친권을 포기하고 의뢰인 부부에게 아이를 인도한다는 내용도 있었다. 대리모는 인공수정시술로 아들을 출산하여 의뢰인 부부가 아이를 인도받으려 했으나 영국관계당국이 이를 금지하였다. 의뢰인 부부는 후견절차(wardship proceeding)를 개시하였고 아이에 대한 보호감독권(the right of the care and control)의 부여를 법원에 청구하였다. 영국 법원은 법원의 추후 요구가 있을 때 아이를 영국의 사법관할하에 둘 것을 조건으로 의뢰인 부부의 청구를 승인하였다. 이 판례를 전제로 영국에서는 영리적 목적의 대리모 계약과 관련된 일체의 행위와 대리모 관련 광고행위를 전면 금지하여 위반 시 처벌한다는 것이었다. 즉, 상업적 성격의 대리모 계약을 금지하는 것이다.

하지만 1990년에 '인간수정과 배아연구법(Human Fertilisation and Embryology Act: HFEA)'을 제정하여 대리모 계약에 의해 출산한 자의 법적 지위를 명시적으로 규정하고 있다. 이 법의 가장 큰 특징은 생식의료의 실시인가기관을 두고 일정 범위에서 생식기술의 적정이용을 보장하지만 남용하는 경우 행정규제나 형사규제를 행한다는 점이다. 따라서 원칙적으로는 분만한 여성이 어머니가 되고 인공생식에 동의한 남성을 아버지로 한다. 하지만, 대리임신에서 의뢰인 처의 난자나 남편의 정자 어느 한 쪽 또는 양쪽 모두가 사용되고 있는 등의 일정한 조건을 만족하는 경우에만 재판에서 의뢰인 부부를 양친으로 한다고 결정한다. 대리임신에 있어서 재판을 연계시켜 법적 친자관계 문제가 발생하지 않도록 하는 점이 특징이다.

4) 대리모를 금지하는 국가

(1) 독일

독일은 나치 시대의 우성정책에 대한 반성으로 보조생식술에 대해 부정적이며 소극적이었으나 1987년 10월에 Baby M 사건 담당변호사 킨이 독일 프랑크푸르트에 대리모알선회사를 개소하는 등 생식보조의료가 꾸준히 확대되고 있는 추세였다. 하지만 먼저 의학계에서 1985년 5월 15일 제88회 독일의사대회에서 체외수정과 배아이식을 행할 때 준수해야 할 직무사항에 대한 규제의 필요성을 인정하였다. 이에 대리모 출산을 인정하지 않는 것으로 결의하였다. 독일의사회는 의사회의 결정사항을 위반하는 경우 의사면허를 박탈할 권한이 있기 때문에 실질적으로 의사회의 결의는 법적 효력을 발휘한다. 하지만 1986년 제56회 독일 법률가대회에서는 입법자에게 대리모 출산을 금지하는 권한, 대리모의 상업적 알선의 금지와 위반자에 대한 제재를 인정하는 것을 승인하였다. 정부는 1984년 생식보조의료에 관한 문제해결을 위해 연방법무성과 과학기술성의 공동작업 부회가 설치되었다. Vendor라 불리는 이 위원회에서는 1985년 11월에 '출생자의 인간의 존엄성을 손상한다는 이유로 대리모 출산을 원칙적으로 금지할 것'을 제안하였다. 또한 연방주합동검토위원회에서는 입법상의 문제검토를 위해 1988년 최종보고서에서 의사가 인공수정에 협력하는 것을 금지하였고 대리모 출산계약이 민법상 무효임을 확인하였고, 대리모알선의 금지를 제안하였다. 1990년 12월 배아보호법이 제정되어 대리모 계약은 강행법규위반으로 독일민법 제134조에 의해 무효가 된다. 따라서 대리모임신을 가능케 하는 시술, 난자의 제공 및 대리모의 인공수정, 배의 이용, 양도, 매각, 사망한 남성의 정자를 사용한 인공수정, 클론 등이 금지되어 있다. 하지만 1998년 친자법의 개정으로 생식보조의료와 관련하여 대리모와 출생자와 유전적 관계가 있는 경우 출생자가 분리되는 상황을 고려하여 대리모가 어머니가 된다는 규정을 독일민법 제1591조에 신설하였다. 그럼에도 불구하고 입법자는 생식보조의료에 의한 친자관계 규정의 변화를 두지 않았기에 현재도

친족법상 문제가 해결되지 않고 있다.

(2) 프랑스

프랑스는 1992년 '생명윤리에 관한 기준'에서 대리모를 금지하였다. 판례에 의하면 확립된 타인을 위한 임신계약의 금지는 1994년 '인체 존중에 관한 법률'에 의하여 승인되었다. 즉, 인체의 구성요소와 산출물에 재산적 가치를 부여하는 효과를 발생시키는 계약을 무효라 규정하였고, 타인을 위한 생식 또는 임신을 목적으로 하는 계약 역시 무효라 하였다. 프랑스의 경우 어니어스협회와 아르마마텔 협회 등과 같은 대리모 알선기관이 있었다. 아르마마텔의 1985년 설립 이후 2년 동안 71명의 아이를 대리모가 출산하여 의뢰인에게 인도하였다. 1987년 이후 프랑스 정부는 대리모 알선기관들을 해산시킬 방침을 세워 1989년 아르마마텔 협회의 행위를 선량한 풍속에 위배되며 대리모로부터 출생한 자를 완전입양아로 규정하는 것이 위법이라는 점에서 불법이라 판결하였다.

5) 대리모를 허용하는 국가

(1) 이스라엘

이스라엘의 경우 의뢰인 부부와 대리모의 합의에 따라서 대리모의 건강 위험이 없다면 정부위원회의 승인을 통해 대리모 출산이 가능하다. 이때 대리모는 이혼한 상태이거나 독신이어야 하며 이스라엘 주민일 것이 요구된다. 이때 의뢰인 부부의 친인척이 아니어야 한다. 이스라엘은 1996년 대리모를 합법화하는 '정자은행 관리 및 인공수정에 관한 법률'을 통과시켰다. 이 법에서 7인으로 구성된 정부위원회의 승인을 받으면 대리모 계약을 체결할 수 있다. 또한 의뢰인 남성의 정자가 사용되어야 하며 체외수정에 의한 임신이 이루어져야 한다. 대리모에게 실비(고통 및 시간, 수입손상에 대한 보상, 법적 비용과 보험료 등)가 지급될 수 있다. 하지만 그 이상의 보수는 지급될 수 없도록 하였다. 대리모는 결심을 바꾸어 출생아를 자신이 양육할 수 있으며 원하는 경우 낙태법에 따라 임신한 태아를 낙태시킬 권리를 부여하고 있다.

(2) 그리스

그리스는 2002년에 '인간생식에 있어서의 의료보조에 관한 법률'을 입법화하여 민법 제1455－1484조에 도입하였다. 배아이식을 통해 타 여성에게 임신시키는 대리모 계약은 법원이 이식 전에 허가하여야 가능하며 아이를 원하는 의뢰인, 대리모 여성, 대리모 여성이 혼인 중인 경우 그 남편과의 서면 합의가 있을 것을 요건으로 한다. 법원은 의뢰인 여성이 불임임이 증명되어야 하고 대리모 여성이 임신에 합당한 상태이어야 허가할 수 있다. 인공수정이 이루어지면 출생자는 법원에 의해 당해 허가가 부여된 여성의 자녀로 추정된다. 즉 법원의 사전허가를 얻은 경우에 의뢰인 여성을 대리모가 출생한 자녀의 어머니로 규정하여 독일이나 프랑스 등과는 반대되는 입법 태도를 보이고 있다.

(3) 기타

아르헨티나는 정부윤리위원회의 심사를 거쳐 허용 가능하며, 브라질, 이란, 네덜란드, 핀란드, 홍콩, 루마니아, 엘살바도르 등도 대리모 출산이 허용되고 있다.

대리모 문제는 가족복지, 여성복지, 의료복지, 인권 및 법제 영역 등 다양한 분야와 연계되는 다학제적 특성을 갖는다. 사회복지 측면에서 대리모 문제의 특성은 미시적 차원에서부터 거시적 차원까지 고려할 수 있는 포괄적 특성을 갖는다. 그럼에도 불구하고 현재까지 사회복지분야에서 대리모 관련 문제를 직접적으로 연구한 국내 문헌은 없다. 의료적으로는 1980년대 후반 전종영 외(1989)가 내분비 및 불임 체외수정에 의한 대리모 임신에 대한 연구를 시작하여 박준철 외(2003)는 선천성 질결여증 여성에서 신생질을 통한 난자채취에 의한 성공적인 대리모임신의 예를 보고한 바 있다. 또한 한미영 외(2005)는 뮬러관 형성 부전증 여성에서 성공한 대리모 임신 예를 제시하였다. 인권 및 법제 영역에서는 상당히 많은 학자들(강남진, 2004; 박동진, 2005; 박철호, 2009; 이인영, 2005; 이창상, 2005; 오호철, 2009; 함철훈, 2003)이 대리모의 사회적 수용과 법적 문제들을 다루고 있다. 대리모 관련 의료 영역에서는 자연적인 방법으로 임신이 불가능한 불임부부들 중 일부는 불임환자 개인 치료만으로는 임신이 불가능하기 때문에 최후 수단으로 금전적 거래 관계의 공여자나 대리모를 찾는 것이 현실이라고 한다. 또한 대리출산에 기여한 여성의 신체적 불편, 건강, 시간적 손실, 노동력 상실로 인한 손해가 적지 않아 상식적으로 아무런 대가 없이 대리 출산을 하는 경우는 거의 없는 것이 현실임을 덧붙였다. 법적으로는 금전 또는 재산상의 이익을 위해 정자, 난자의 제공 또는 이용을 금지한다는 '생명윤리 및 안전에 관한 법률'이 있다.

하지만 금전적 대가를 받고 대리모 여성 본인의 난자가 아닌 다른 여성의 난자를 이용하여 임신한 경우에는 엄격히 말해서 법적으로 불법행위가 아닌 것이다. 그러한 법적 공백을 이용하여 인터넷에서 대리모 알선 및 의뢰가 행해지고 있는 것으로 분석하고 있다. 또한 대리모의 모권이 가족관계에 미치는 영향력 등을 미풍양속에 맞게 어떻게 수용하고 해석할 것인가에 대한 사회적 합의가 중요한 맥락 중 하나이다.

최근 이은주(2008)의 연구에서는 대리모 여성의 행위성 구성을 사회적, 문화적, 정치적 측면에서 여성주의 및 인권적 시각으로 분석하였다. 나아가 대리모 문제를 가족 및 여성복지적 차원에서 다루고 있다. 의학적으로 기술화된 대리 임신의 가능성으로 인하여 대리모는 불임부부의 정상가족 만들기 프로젝트에 동참하게 된다. 하지만 현실적으로 대리모 여성에 대한 의료 및 법적 안전망이 갖추어지지 않은 상태에서 대리모 계약은 실제 계약이행과 차이가 나타나게 된다. 다발적인 문제를 갖고 있는 계약임에도 불구하고 결국 경제적 빈곤상태에 있는 대리모 여성이 홀로 감당해야 하는 신체적, 정서적, 정신적 고통은 누구에게도 호소하기 곤란한 문제가 된다는 점이다. 힘들고 고된 시술과정을 거쳐 임신과 출산이라는 노동 끝에는 출산자녀에 대한 친권포기서 작성 이후 의뢰인 부부에게로의 입양으로 이어진다. 불임여성이 대리모를 통해 아이를 낳을 권리는 재생산과 관련하여 여성이 의료적 기술을 이용할 권리에 포함된다고 볼 수 있다. 하지만 엄밀히 말해서 재생산권과 관련된 의료, 과학, 기술을 이용할 권리는 불임여성 자신의 재생산 능력을 보완하기 위해 인정받는 권리이지 대리모 여성의 재생산과 관련된 사항을 결정할 수 있는 권리는 아닌 것이다. 결과적으로 대리모 여성의 몸을 통해 이루어지는 출산과 관련된 모든 사항에 있어서 현실적으로 그녀들의 인권과 사회적 보호를 기대할 수 있는 현실적 방안 마련 모색의 시급함을 강조하고 있다.

국외 대리모 연구에서는 그녀들의 심리사회적 특성에 초점을 둔 연구들, 뉴질랜드 Child, Youth, Family 기관에서 자국민이 해외 대리모 출산을 통해 얻은 아동을 입양할 때 법령화된 사회복지사의 역할을 설명한 법규를 중심으로 정리하고자 한다.

일반적으로 대리모 여성들은 대리 출산한 아이에 대한 애착으로 힘겨워할 것이라는 가정하에 정책결정자들은 대리모가 임신 전후 및 임신 과정 동안 강제적으로 상담받는 것을 찬성하고 있다(Edelman, 2004). 하지만 실증적 연구에서 대리모가 느끼는 애착 및 상실 등의 감정은 의뢰인 부부와의 관계의 질에 기인하며 대게 대리모는 자신의 경험에 만족하는 것으로 제시되었다(van den Akker, 2007; Baslington, 2002; Hohman & Hagan, 2001; Teman, 2006). 이런 조심스런 관계 안에서 이슈들은 누가 대리모의 몸을 통제하는가에 대한 것이다. 오해는 감정과 욕구에 대한 의사소통을 하면서 발생하게 된다. 그리고 의뢰인과 대리모 간의 친밀감, 존중감, 향후의 관계 수준에 대한 기대의 차이가 발생하게 된다(Ciccarelli & Beckman, 2005; Teman, 2006). 만일 강제 상담이 요구된다면 대리모와 의뢰인 간을 중재하거나 또는 집단 상담의 형식이 적합할 것이다. 대리모만을 대상으로 그녀와 의뢰인 간의 상호관계의 한계와 기대를 정의하고 유지하도록 하는 것은 부적합한 형식이 될 것이다. 또한 대리모들은 대리출산 기간 동안 자신들의 정서, 정체성, 관계를 잘 다루기 위해 구체화된 노력을 한다는 점이다. 대리모는 대리 출산한 자녀와 어머니로서 관계하는 것에는 거리를 두는 반면 대리출산하지 않은 자신의 자녀에게는 어머니라는 개인적 정체성을 간직하는 것으로 나타났다(Teman, 2003). 영국에서는 대리출산 자녀에 대한 법적 부모는 대리모와 대리모 남편으로 되어 있다. 따라서 대리모만을 대상으로 하는 상담을 강조하게 마련인 것이다. 하지만 이스라엘은 의뢰인 부부가 대리 출산한 신생아에 대한 친권을 인정받을 때까지 대체로 몇 주가 소요되므로 그 기간 동안 국가에서 선임한 사회복지사를 대리 출산한 신생아에 대한 일시적인 법적 보호자로 지정하고 있다. 대리모의 심리사회적 특성을 바로 이해함으로써 새로운 정책적 접근이 가능했던 것이다(Teman, 2008).

뉴질랜드의 경우 자국인이 외국에서 대리 출산협의의 결과로 출생한 아동을 입양할 때 몇 가지 절차를 거치게 된다. 우선 아동입양을 원하는 의뢰인 지원자가 뉴질랜드 가정법원(family court)에 입양 명령 신청서를 제출한다. 그 다음 Child, Youth and Family 기관의 사회복지사는 대리출산협의가 착수되기 이전에 의뢰인 지원자가 대리모로부터 출산할 아동을 입양하는 데 합당하고 적합한 사람들인지 결정하기 위한 사정(assessment)을 한다. Child, Youth and Family 기관의 사회복지사가 가정법원에 사정 보고서를 제출하면, 그 아동이 출생할 국가와 뉴질랜드 간에 정보가 교류되어 대리모인 생물학적 어머니의 동의서를 받게 된다. 대리출산협의 상황에 대한 정보가 마무리되면 아동의 최우선 이익을 고려하여 입양은 양국의 중앙당국 승인하에 이루어진다. 뉴질랜드 국민이 해외 대리출산을 통한 입양을 지원하는 경우 이러한 모든 사정절차를 거쳐야만 한다(Hague web site, http://www.hcch.net).

본 연구에서는 대리모 여성의 체험을 이해하기 위하여 시사미디어에 참여한 대상자들의 텍스트를 활용하였다. 미디어에서 이들의 익명성 보장을 위해 대상자의 모습은 모자이크 자막 처리되었으며 음성은 변조 처리되었고 신원은 비공개되었다. 참여자 1은 31살 된 여성으로 이혼 후 자녀와 살 길을 모색하기 위해 식당일, 간병인 일 등을 해보았으나 쌓여가는 빚을 청산하기 버거워 대리모로 나서게 되었다. 참여자 2는 27살의 남편과 아들이 있는 전업 주부이다. 가정경제가 극도로 어려워 남편의 동의하에 체외 수정 방식으로 자궁만 빌려주기로 하였다. 참여자 3은 20대 초반의 대학 휴학생으로서 현재 미혼모이다. 자녀와 함께 살고 있으나 생활고로 인해 대리모 결정을 하게 되었다. 참여자 4는 20대 대학생으로서 아버지의 사업실패로 가족이 신용불량자가 되어서 대리모를 하기로 결심하게 되었다. 참여자들의 공통점은 모두 완전대리모였다.

본 연구에서는 20~30대 젊은 여성들이 대리모가 되어가는 과정의 실제(reality)를 있는 그대로 진솔하고 적극적으로 드러내고 있는 2차 자료들을 수집하여 질적 연구방법에 따라 재해석하였다. 본 연구 참여자의 특성은 20대 초반에서 30대 초반에 대리모를 시작하게 된 경우로서 네 사례를 선택하였다. 대상자들의 공통된 사정은 일상적인 가정생활을 꾸려나갈 수 없을 정도의 극심한 경제적 고통으로 대리모를 시작하게 된 경우라 하였다. 그러한 사례들을 중심으로 60분으로 구성된 미디어인 'SBS 뉴스추적: 대리모-아기, 대신 낳아드립니다(제323회, 2005년 3월 8일)' 자료를 활용하였다. 대상자들의 익명성 보장에 충실하기 위해 TV모니터상에서 대화내용의 자막처리, 본명의 가명처리, 목소리의 변조처리, 실물의 모자이크처리가 되었다.

참여자 1: 31살로 이혼 후 자녀와 살 길을 모색하기 위해 식당일, 간병인일 등을 해보았으나 쌓여가는 빚을 청산하기 버거워 대리모로 나서게 되었다.

대리모 여성 1의 체험 내용은 다음과 같다.

이것밖에는 방법이 없어요. 의뢰인한테도 절실한 문제이겠지만, 저에게도 대리모 일이 굉장히 절실해요. 마지막 선택이라 생각하면서……. 대리모 일이 인신매매를 하는 것도 아니고…… 아이 못 낳는 부부를 돕는 거니까…… 서로 돕는 거니까…… 그래서 시작하게 되었어요. 지금 돈이 너무 급해요. 나와 아이랑 살려면 이 방법밖에 없어요. 얼마 전까지도 남편과 살았지만 이혼했거든요. 제가 제 명의로 대출받은 빚만 2천만 원이고, 제가 보증 서 생긴 빚이 4천만 원 있어요. 식당 월급 80만 원으로 빚 갚기 힘들고…… 신용불량에서 벗어날 희망이 보이질 않고…… 식당일도 해보고 간병인일도 해보고…… 안 해본 일 없어요. 도저히 빚을 갚을 방법이 없더라고요. 이자는 꼬박꼬박 내야 되니까…… 일하다 보면 맡겨둔 아이를 제대로 보러 갈 수가 없어요. 인터넷에서 대리모 모집 카페에 가입해서…… 식당일 하고 나면 시간 될 때마다 PC방에서 의뢰인을 찾아보고…… 그때는 3천 5백만 원에서 4천만 원까지 했는데…… 지금은 대리모 지원자가 너무 많다보니까 2천만 원에서 3천만 원 정도 되요……. 의뢰인을 만나면 만날수록 모멸감을 느끼게 돼요. 내가 대리모를 하더라도 일단은 의뢰인이 어떤 사람일까 궁금하잖아요. 의뢰인들도 나에 대해서 궁금하겠지만……그런데 자기네들에 대해서는 오픈하는 게 없어요. 솔직히 궁금하잖아요. 의뢰인들이 어떤 사람인지…… 뭘 하는 사람인지…… 알려주는 게 없어요. 나한테는 주민등록증 보여 달라, 이혼 서류 보여 달라, 자기네들이 원하는 건 다 말해요. 꼭 아들을 낳아야 된대요. 5~6개월 되어서라도 딸이라고 하면 무조건 배 속의 아이를 지우래요. 아들이라고 하면 그때 돈 준다고……. 내가 정말 아무리 돈이 급해도 대리모 일을 할 수 있을까…… 대리모 일…… 이게 정말 좋은 일인지…… 생명이고 또 내 배 속에서 10달 동안 태동 느끼고 태교도 하고 태담도 할 아이인데……. 내가 정말 이 아이를 낳아서 줄 수 있을까. 힘들겠지요. 아기를 낳아서 준다는 것이 힘들기는 한데…… 어렵기도 하고…….

근데 이 방법 외에는 방법이 없으니까…… 1년을 식당에서 죽어라 고생한도 해도 빚 해결을 못하지만 내가 정말 1년만…… 딱 1년만 대리모로 고생한다면…….

대리모 여성 1의 체험을 축약하면 다음과 같다.

* 대리모 일은 아이 못 낳는 부부를 도울 수 있으며 내게도 절실히 도움이 되는 마지막 선택이었다.
* 이혼 후 신용불량에서 벗어나기 위해 안 해본 일이 없으나 돈은 급하고 내 아이를 보기 위해서라도 대리모에 지원하였다.
* 자신을 오픈하지 않는 의뢰인에게 모멸감을 느끼며 딸이면 배 속 아이라도 지우고 아들만을 원하였다.
* 돈이 급해도 아이는 생명이라 낳아서 준다는 것이 힘들고 어려운 것이다.
* 빚 해결을 위한 방법으로 1년만 대리모로 고생하기로 하였다.

즉, 대리모 여성 1의 체험은 경제적 고통으로 인해 상호 도움이 되는 최선의 길로 대리모를 선택하였고, 대리모의 신분만 파악하려는 일방성에 모멸감과 낙태를 감수하며 임신출산과 양육의 분리로 혼란스런 모성을 감당할 수 있을지 불확실하며, 경제적 보상이 있어 견디어내는 과정이었다. 절박한 상황에서 선택한 대리모일은 의뢰인과 자신에게 상호 도움이 되는 최선의 길이라 믿었다. 그녀는 의뢰인의 정체성은 감추려 하며 대리모의 신분만 파악하려는 일방적 관계로부터 모멸감을 느꼈으며 태아감별로 인한 낙태를 홀로 감수해야 했다. 또한 출산과 양육의 분리로 혼란스런 모성을 감당할 수 있을지 확신하지 못하고 있으나 경제적 보상이 있어 견디어갈 수 있었다.

참여자 2: 27살의 남편과 아들이 있는 전업 주부로서 남편의 동의하에 체외 수정 방식으로 자궁만 빌려주는 대리모이다.

대리모 여성 2의 체험 내용은 다음과 같다.

대리모 일을 비난하는 사람들도…… 자기가 처해있는 상황이 저 같은 경우라면…… 저의 가족이 사는 집이 보증금 3백만 원에 월세 2십만 원인데…… 신용불량자인 남편이 공장에서 백만 원 받아오지만 채권회사에 빚 갚느라 늘 쪼들려 살아요.…… 공장에서 월급 백만 원 받아서 채권회사에 빚 갚다보면…… 지금까지 딱 한 번 갚았어요……. 저축을 못하죠……. 만약 대리모를 해서 누가 몇 천만 원을 주겠다고 하면 선뜻 그 말을 거절하지 못할 거라고 봐요. 그저 돈 욕심이 생기지…….

남편한테 대리모를 하겠다고 말하니까 처음엔 강하게 반대했는데……. “내가 다른 남자 아이를 낳는 것도 아니고, 내 난자를 쓰는 것도 아니고, 그냥 내 배만 빌려주는 거다. 애 낳아주고 4천만 원 받으면 우리 집 전세로 옮겨갈 수 있고…… 당신 몸 아픈데 수술도 해야 되고…….” 그런 식으로 설득했더니 그럼 해보라고…… 두 달 전 일차 착상에 실패했어요. 두 번째 착상을 다시 시도해 보려고 “자기야. 나 한 번만 더 하면 안 될까?” 처음에는 남편 표정이 별로 안 좋았는데…… 의뢰인 여자가 자기가 겪은 아픔을 말하면서 막 우니까…… 엄청 울었어요……. 그랬더니 남편이 “네가 한 번만 더 할 수 있으면 한 번 더 해봐라…….” 그래서 두 번째 시술을 하게 됐어요. 시술을 했다고 돈을 받는 건 아니에요. 임신 확인이 되어야 돈을 받을 수 있어요. 계속 시술을 해도 임신이 안 되면 아예 돈을 못 받는다고 계약서에도 적혀있어요. 대리모 계약서……두 차례 피검사로 임신이 확인되면 매달 백만 원씩 준다. 매달 지급되는 생활비 백만 원은 차후 총 사례비 4천만 원에서 제한다. 사실 대리모 계약에 대해서는 생각도 많이 못한 상황에서 계약을 작성한 건데…… 의뢰인 분이 두 부를 작성해 가지고 와서 각자 한 부씩 갖고 있고 아기를 낳아서 얼굴을 보면 사람들이 심정이 틀리다고…… 아기를 봤을 때랑 안 봤을 때랑 정말 틀리거든요. 아기를 낳고 나면 마음이 달라질까 봐…… 걱정이 되요. 사실 대리모 출산에 대해 생각하면 자꾸 눈물이 나고…… 내가 아기를 판다는 죄책감을 감당할 수 있을지……. 지금은 겪어보지 않아서 내 감정이나 차후의 일…… 그런 일을 생각할 만큼 마음의 여유가 없어요. 돈 때문에 충동적으로 결정한 일이라…….

사실 미래가 희망적이지 않고…… 도움을 받을 만한 주변사람도 없고…… 10달 꼬박 일해 봤자 3~4천만 원 벌기 힘드니까…… 그냥 눈 딱 감고…… 10달 동안만 아기 키워주면 받는 건데…… 견뎌야지…….

대리모 여성 2의 체험을 축약하면 다음과 같다.

* 신용불량인 남편의 빚을 갚느라 대리모 일을 거절하지 못하였다.
* 남편에게 미안하나 설득하여 두 번째 착상 시술을 하였으나 임신확인 이후 사례비를 받을 수 있다는 의뢰인이 작성해온 대리모 계약서에 당시 대리모 자신이 생각지도 못한 상황에서 계약하게 되었다.
* 아기를 낳은 후 마음이 흔들릴까 걱정되고 죄책감에 눈물이 나지만 차후 일에 대한 마음의 여유가 없었다.
* 희망 없는 미래와 주변사람의 도움을 기대할 수 없기에 힘들지만 견디어냈다.

즉, 대리모 여성 2의 체험은 경제 파산으로 시작하였으나, 출산 후 겪게 될 심적 고통을 감당할 수 있을지 눈물이 나고 배우자의 협조와 이해가 요구되며 힘겨운 시술에도 불구하고 의뢰인과 협상이 아닌 일방적 계약에 종속되며, 출산 후 겪게 될 복잡한 심적 고통을 예상하지 못하였기에 감당할 수 있을지 눈물이 나지만 생활을 위해 인공시술과정과 출산의 고통을 감내하는 과정이다.

참여자 3: 20대 초반 대학 휴학생이며 미혼모로서 자녀와 함께 살고 있으나 생활고로 인해 대리모 결정을 하게 되었다.

대리모 여성 3의 체험 내용은 다음과 같다.

제가 미혼모였거든요. 제가 아기를 키운다고 키웠었는데…… 살면서 빚은 점점 쌓여가고…… 한 번 아이를 낳은 경험이 있으니까…… 이 일이 어떤 일인지 좀 알아봤어요. 특별이 나쁜 일이었으면 안 했을 텐데…… 그렇게 나쁜 일은 아니라는 생각이 들었어요.

물론 의사선생님이 "만약 대리모 일이 법적 문제가 되면 병원은 모르는 거다." 그렇게 말씀하시기에 제가 "알았다." 그렇게 대답했어요. 또 아이 낳다 잘못되어서 제왕절개 수술을 하게 될 수도 있다고 하더라고요. 그때 정말 난감했어요. 병원에 내 이름으로 제왕절개해서 아이 낳았다고 기록을 남길 수도 없고…… 부모님도 모르는데…….

아이 낳아주는 대가로 4천만 원 받았어요. 아이는 친권포기각서 쓰고 입양 보내는 거니까…… 낳았어도 아이에 대한 미련은 없었어요. 의뢰인들이 아이에 대해서 매일 전전긍긍하는 걸 볼 때마다 어쩔 수 없이 그분들의 아이구나……. 아이를 의뢰인에게 보낼 때 그분들은 정말 감격에 찬 표정이었거든요. 그때 헤어지면서 내 마음이 좀 뿌듯해지더라고요.

대리모 여성 3의 체험을 축약하면 다음과 같다.

* 미혼모로 아기를 키우며 빚이 쌓이니 나쁜 일이 아닌 대리모를 생각하였다.
* 병원에 아이 낳은 기록을 남길 수 없어 난감한데 법적 문제에 병원은 모른다고 하였다.

* 아이를 낳고 4천만 원을 받아 친권포기 후 입양 보내니 감격에 찬 의뢰인을 보며 마음이 뿌듯해졌다.

즉, 대리모 여성 3의 체험은 경제적 어려움으로 사회・가치적으로 문제가 없다 여기고 선택하였으나, 의료문제로부터 보호받기 어렵고, 출산 후 보상과 동시에 친권을 포기하여 입양 보내니 대리모 역할에 충실했다고 여기고 있다.

참여자 4: 20대 대학생이며 아버지의 사업실패로 가족이 신용불량자가 되어 대리모를 결정하게 되었다.

대리모 여성 4의 체험 내용은 다음과 같다.

지난해 봄에 아버지가 사업에 실패해서 가족 모두가 신용불량자가 되었거든요. 당시에 누군가 대리모를 하면 돈을 벌 수 있다고 했는데…… 처음에는 그냥 흘려들었어요. 시간이 가면서 제가 상황이 절박하다보니까…… 생각할수록 대리모 생각이 나는 거예요. 정말 내가 미쳤었구나…… 내가 왜 그랬지…… 그때 대리모 시술받은 걸 아직도 후회하고 있어요. 임신에 실패하고 너무 아파서…… 배가 아픈 것이 아니라 안쪽이 아픈데 이렇게 잡아당기는 것처럼…… 잡아 뜯는 것처럼 아파요. 그런 시술받고부터 후회가 됐어요.

아이를 부탁하는 여자를 만났는데…… 그때는 그 여자가 브로커인 줄 몰랐어요. 그 여자 브로커는 이 일을 막 빨리 해치워야겠다는 듯이 하더라고요. 브로커가 연결시켜준 의뢰인 부부가 일본사람이라는 걸 나중에 알게 됐어요. 그 브로커 말이 착상 시술이 별로 힘들지 않고 해볼 만하다고 해서…… 심각하게 생각하지 않고 병원에 따라갔거든요. 시술을 하는데…… 그 당시 정말 눈물이 막 나더라고요. 너무 아파서……브로커는 나를 인간으로 대한 게 아니었어요. 그저 나를 아이를 낳아주는 도구로 대했다는 거지요.

지금도 몸이 아픈데…… 한 푼도 못 받았어요. 출산이라는 것과 임신이라는 게 쉽게 감당할 만한 일이 아니라는 걸…… 그제야 알게 된 거지요.

대리모 여성 4의 체험을 축약하면 다음과 같다.

* 가족이 신용불량자가 되자 절박하여 대리모 시술을 받았으나 임신은 실패하고 아프고 후회가 되었다.
* 착상시술이 눈물 나게 아팠으나 한 푼도 못 받았고 후에 아이를 부탁한 여자가 일본의뢰인 브로커이며 대리모를 인간이 아닌 도구로 대했음을 알게 되었다.
* 출산과 임신이 쉽지 않다는 것을 그제야 알게 되었다.

즉, 대리모 여성 4의 체험은 신용불량자 가족을 위해 선택하였으나 건강이 나빠져 후회스럽고, 착상시술의 고통과 외국인 의뢰인임을 숨긴 브로커가 대리모를 인격이 아닌 도구로 여기니, 임신과 출산 경험이 없는 미혼여성이 감내하기 힘든 과정이었다.

대리모 여성 1의 체험은 이혼 후 신용불량이라는 경제적 고통이 원인이 되었지만 의뢰인과 대리모 모두에게 절실히 상호 도움이 되는 최선의 길이라 여겼다는 가치화를 나타내고 있다. 또한 의뢰인은 대리모에게 자신의 신분을 감추려 하면서도 대리모에 대해서는 이혼 상태인지, 독신인지, 대리모지원 동기는 무엇인지 등 가능한 자세히 드러내려는 일방적 관계로부터 모멸감을 느끼게 되고 의뢰인의 태아 성별 선호에 따라 낙태도 감수해야 하는 상황에서 임신출산과 양육의 분리된 모성이 혼란스러워 감당이 가능할지 확신하기 힘들지만, 경제적 보상이 있어 견디어내고자 강화하는 과정이다.

대리모 여성 2의 체험은 남편과 자녀가 있는 주부이나 남편의 신용불량으로 경제가 파산되어 시작하였다는 가치화를 나타내었다. 심리적 준비 없이 급하게 결정한 일이라 출산 후 정리해야 할 모성관계의 고통을 떠올리면 눈물이 나니 역시 감당할 수 있을지 확신하지 못한다. 유부녀 대리모의 경우 배우자의 협조와 이해가 있어야 가능하며 체외수정 착상시술의 실패와 재시도의 고통스런 과정에도 불구하고 계약에 대한 사전준비 없는 대리모와 일방적 계약을 요구하는 의뢰인과의 관계에 종속되어 대리모의 요구는 은폐되어진다. 출산경험이 있는 대리모 여성은 생활을 위해 시술과정과 출산의 고통을 감내하고자 강화하는 과정을 드러내었다.

대리모 여성 3의 체험은 미혼모가 되어 경제적 어려움을 겪게 되니 대리모에 대해 고려해 보면서 사회·가치적으로 문제가 없다 여기고 선택하였다는 가치화를 드러내고 있다. 하지만 산과진료에 대리모 여성의 이름을 감추고 의뢰인 여성의 이름으로 드러내니 의료문제로부터 보호받기 어렵고, 출산 후 아이에 대한 친권을 포기하여 의뢰인에게 입양을 보내야 하나 그것이 대리모의 역할이라 수용하고 충실하게 임하는 강화성을 나타내었다.

대리모 여성 4의 체험은 출산경험이 없는 여대생으로 신용불량자 가족을 위해 선택하였으나 시술과정의 고통을 알았더라면 하지 않았을 후회스러운 선택이라는 가치화를 나타내었다. 체외수정시술이 신체적으로 고통스럽다는 점과 의뢰인이 일본사람임을 숨긴 상태에서 브로커가 대리모를 인격이 아닌 출산 도구로 여기니, 임신과 출산 경험이 전혀 없는 미혼여성의 경우 감내하기 힘든 과정임을 드러내고 있다.

대리모 여성의 체험의 핵심개념에 대한 발견적 해석은 1) 경제적 고통으로 선택한 최선의 대안, 2) 임신・출산과 양육이 분리된 모성, 3) 일방적 관계의 위험에 노출됨, 4) 보상과 입양의 맞물림으로 잊혀질 모성의 현실을 수용함이라는 네 개의 핵심개념으로 추출되었다. 네 개의 핵심개념에 대한 구조는 '대리모 여성의 심리사회적 고통 체험은 경제적 고통으로 선택한 최선의 대안이었으며 출산과 양육이 분리된 모성은 일방적 관계로의 위험에 노출되나 보상과 입양의 맞물림으로 잊혀질 모성의 현실을 수용하는 과정'으로 나타났다. 추출된 구조를 생생한 경험의 구조로 전환시키면 '대리모 여성의 체험은 생의 마지막 선택이라 여기나 죄책감과 혼란스러움으로 드러낼 수 없는 존재로서 모성을 도구화하는 것이다'로 정리되었다.

위의 발견적 해석의 결과인 네 개의 핵심 개념을 구조적으로 전환시켜 개념적으로 통합시키면 다음과 같이 정리될 수 있다.

첫째, 대리모 여성은 '극심한 경제적 고통으로 대리모를 선택'하였다는 점이다. 불임부부의 가족정상화에 기여하게 되는 한국사회의 대리모 여성들은 사회・윤리적 지침이 확립되지 못한 상황에서 상업적 대리임신과 출산을 하고자 하는 동기는 역시 경제적 고통이었다는 가치화를 드러내었다. 이 여성들은 이혼으로, 미혼모로서, 가정파산으로 신용불량위기에 처해지자 '생의 마지막 선택'이라 결심하며 대리모를 자청하였다.

둘째, 대리모 여성은 '임신출산과 양육의 분리된 모성을 체험'하게 된다는 점이다. 인터넷검색을 통해 대리모과정을 알아볼 때까지는 대체로 출산과정이나 출산 이후에 경험하게 될 신체적 소진과 감정 상태를 고려할 만큼 여유롭지 못한 것으로 보인다. 또한 남편이 있는 여성이 남편을 설득하여 대리모 시장에 나설 수 있을 만큼 중요한 요인은 의뢰인 남성과의 직접적 성관계가 아니어도 의료적 시술을 통해 자궁만 빌려준다는 기술화된 대리임신이 가능하기에 도덕적 부담감을 갖지 않을 수 있다는 점이다. 그럼에도 불구하고 대리모 역시 모성이기에 출산아를 의뢰인에게 입양시켜야 하는 상황들을 떠올리면 눈물이 솟고 '죄책감과 혼란스러움을 감내할 수 있을지' 그 가능성을 스스로 확신할 수 없는 제한성을 드러내고 있었다.

셋째, 대리모 여성은 '의뢰인으로부터 일방적 관계의 위험에 노출되는 체험'을 한다는 점이다. 의뢰인과 중개인은 이미 대리모 여성에 대한 지원동기 및 경제적 상황, 혼인 여부 등의 신원조회뿐만 아니라 발생될 수 있는 다양한 법적 문제를 사전에 충분히 정리하여 대리모 여성에게 계약을 요구하게 된다. 또한 불임클리닉에서는 대리모 여성에게 체외수정 및 난관 내 생식세포이식 시술에 대한 동의서, 대리모 신청서,[8] 대리모 임신동의서라는 세 가지 동의서를 요구한다. 하지만 상업적 대리모 계약 자체가 미풍양속에 반하기에 법적 무효화되는 현실에서 대리모 여성의 주체는 이미 '드러낼 수 없는 존재'인 것이다. 또한 관련 법적 사항에 대해 대리모 여성이 충분히 인식하고 협상하여 계약할 만큼의 사회경제적인 위치에 처해있지도 않다. 따라서 대리모 여성은 법적주체로서 은폐된 상태에 있으나 몸의 주체로서는 힘든 시술과정, 임신 기간, 출산을 고스란히 감당하며 드러나 있어야 한다는 점이다.

넷째, 대리모 여성은 '보상과 입양의 맞물림으로 잊힐 모성의 현실을 수용하는 체험'을 한다는 것이다. 대리모 여성들은 경제적 보상을 기대하며 이 일에 관심을 갖기 시작하였다. 일반적으로 시술 이전 단계까지는 대리모로서 신체적으로, 심리적으로 직접 감당하게 될 고통의 수준을 가늠하지 못하는 것으로 보인다. 특히 임신과 출산 경험이 전혀 없는 미혼여성에게 대리모는 감히 감내하기 고통스러운 과정이라는 역할의 독특성을 나타내고 있다. 잉태를 위한 시술을 몸소 체험하게 되면서 신체적으로는 '배 안쪽을 잡아 뜯는 것처럼 아픈 통증'을 호소하게 된다. 고통스런 시술 이후 착상이 되어 임신이 확인될 때까지는 의뢰인으로부터 경제적 보상을 전혀 받을 수도 없다. 임신 과정과 출산 후 받게 되는 사례비와 아이를 자연스럽게 교환하는 장에서 대리모로서 할 일을 다 했다는 긍지를 보여주는 강화성과 변형

8) 병원의 생명윤리위원회의 심의과정을 거치는 것으로 유전질환, 병력유무, 시술에 대한 전반적인 이해도와 부작용 및 합병증에 대한 이해 여부 등을 작성한다. 금전적인 거래 여부를 체크하는 란에는 가부정도만 표시할 수 있게 되어 있다(이은주, 2008, p.52).

성을 보여주고 있다. 또한 의뢰인 부부와의 관계를 통해 대리모 여성은 계약된 보상을 전제로 출생할 아이가 이미 자신의 아이가 아니라는 마음가짐을 반복적으로 확인함으로써 잊힐 모성의 현실을 담담히 수용하고 있었다.

대리모 여성의 심리사회적 고통 체험의 통합된 구조는 <달팽이를 삼킨 사나이>라는 소설의 일부 내용을 통해 은유적으로 강화되어진다.

말하자면 전세를 놓는 거라 했다. 딱 열 달…… 아내는 불임부부의 고통을 생각하라며 누이 좋고 매부 좋은 거라 했다. "첫아이인데…… 당신 배 속에서 기른 아이를 선뜻 내줄 수 있겠어?" …… "어차피 우리 아이도 아닌데 뭘……", "자궁판돈으로 뭐 하게?" …… "햇볕 드는 전셋집도 얻고 빚도 갚고……." 계약은 임신이 확인되면 선금으로 이천만 원…… 출산 이후 나머지…… 잔금인 것이다. 부동산매매계약처럼…… 임신이 확인되면 친권포기각서를 써줘야 하고 아이가 열 달을 채우지 못하면 잔금에서 일부를 포기…… 정상아가 아니면 계약은 무효가 된단다. 아내는 쌍둥이를 임신해서 의뢰인에게 이천만 원을 더 요구했다. 의뢰인은 쌍둥이 임신은 계약서 명시에 없다고…… 아내가 지워버리겠다고 하자…… 아들 하나 딸 하나였음 좋을 텐데…… 더 받기로 한 천만 원 포기하고 하나는 우리가 기를까? 당신 제정신이야? 우리 아이 아니라며?…… 아내는 태교에 좋다며 바흐와 모차르트 음악듣기를 좋아하고…… 무탈한 출산만이 새 출발의 희망을 실현시킬 것이라…….

〈김경욱(2008). 위험한 독서: 달팽이를 삼킨 사나이 중에서 발췌. pp.197~222〉

남편이 있는 대리모 여성은 임신과 출산을 '딱 열 달 전세를 놓는 것'에 비유하였다. 사례비로 햇볕 드는 전셋집도 얻고 빚도 갚을 것이라 계획하면서 불임부부의 고통을 생각하며 누이 좋고 매부 좋은 일이라 대리모 일에 대한 가치화를 나타내었다. 남편은 아내에게 '첫 아이인데…… 당신 배 속에서 기른 아이를 선뜻 내줄 수 있겠어?'라고 물으며 아내가 출산아를 포기할 수 있을지 염려한다. 하지만 어차피 의뢰인 부부의 정자와 난자를 수정하여 자궁에 착상한 경우라 유전적으로 대리모부부의 아이가 아님으로 갈등의 가능성이 없다고 확신한다. 계약은 임신이 확인되면 선금과 출산 이후 나머지 잔금형식으로 마치 부동산매매계약에 비유된다. 임신이 확인되는 동시에 친권포기각서를 써줌으로써 대리모의 모성은 은폐되고 오로지 아이를 중심으로 대리모의 존재는 드러난다. 아이가 미숙아라면 잔금의 일부를 포기해야 하고 정상아가 아니면 계약 자체가 무효화된다고 한다. 쌍둥이를 임신한 아내가 사례비를 더 요구하자 의뢰인은 계약서 명시에 없음을 언급하는 등 의뢰인 중심의 계약임을 넌지시 암시한다. 이에 아내는 아이를 갈급해 하는 의뢰인에게 차라리 지워버리겠다고 으름장을 놓는다. 모성이 상업화되고 도구화되는 현실이었다. 아내는 임신 후 심적 변화가 생겼는지 더 받기로 한 천만 원을 포기하고 쌍둥이 중 하나는 양육할 것을 남편에게 은근히 제안한다. 막상 임신을 하자 생물학적 모성으로서 출생아에 대한 심리적 끈이 작용하게 된 것이다. 하지만 남편은 "당신 제정신이야? 우리 아이 아니라며?……" 하고 강하게 반박한다. 결국 대리모 여성이 자신과 의뢰인 가정의 새 출발을 향한 희망을 실현시키는 것은 오로지 순조로운 출산이기에 필요한 강화성과 변형성을 보여주는 것으로 정리된다.

〈쌍둥이가 아닐까?.....〉

본 연구에서는 한국사회의 20~30대 대리모 여성들이 어떠한 이유로 대리모를 선택하게 되는지, 대리모 역할 수행과정을 통해 체험되는 심리 내적인 고통과 법률구조로 인한 사회적 고통의 현상적 의미와 구조 변화는 무엇인지 탐색하고자 하였다. 대리모 여성의 체험적 본질을 잘 드러내고 있다고 파악된 미디어로부터 2차 자료를 해석학적, 현상학적 방법을 적용하여 분석하였다. 4명의 대리모 여성의 체험적 결과를 바탕으로 몇 가지 사항을 중심으로 논의해 보고자 한다.

첫째, 20~30대 기혼여성을 포함한 젊은 여성들이 빈곤의 해결책으로서 대리모를 선택하였다는 점이다. 이 여성들의 공통점은 고액의 치료비가 소요되는 가족의 질병, 채무 및 신용불량, 어린 자녀를 홀로 양육하기 힘든 만성적인 빈곤, 대학등록금을 구할 수 없는 등의 상태에 있었다. 또한 대리모 여성들은 성실하게 일해도 가난에서 벗어날 수 없는 근로빈곤(working poor)층에 속하였다. 오늘날 대리모라는 일은 식당 종업원, 간병인, 아르바이트 등과 같은 비전문적이며 비정규적인 일을 하며 지내는 신체 건강한 젊은 여성들에게 있어서 1년 미만에 4천만 원 이상의 고액 수입을 예상할 수 있는 직종인 것이다. 또한 대리모 일은 인터넷 접속으로 찾을 수 있기에 결심만 하면 접근성 역시 용이하다. 이러한 현상은 최근 몇 년째 경제가 침체된 미국에서 주택구입, 대출금 상환, 자녀교육비 조달 등을 위해 불임부부에게 대리모를 지원하거나 자신의 난자를 제공하겠다는 젊은 여성들이 약 30% 정도 증가한 현상(노컷뉴스, 2008. 12. 9), 미국인 불임부부가 미국에서 최소 7만에서 13만 달러가 넘는 대리모를 선택하기 보다는 미국인 대리모의 절반 비용만 제공해도 대리모가 되어주는 인도의 빈민 여성들을 선택하고 있는 현상(미주세계일보, 2009. 10. 9)을 통해서도 빈곤은 한국을 포함하여 국제적으로 20~30대 가임기 여성이 대리모를 선택하게 하는 요인이 될 수 있다는 점을 알 수 있다. 대리모를 선택한 여성들은 저임금 노동의 힘겨움 속에서 미래의 불안감을 견디며 살아가는 근로빈곤 상태에 노출되어 있었다. 개인이 빈곤에서 벗어나 안심하고 살 수 있기 위해서는 충분한 초임급여, 숙달된 기능, 승진가능성이 있는 직업 등 안정된 일터를 갖추어야 한다. 하지만 오늘날 한국 사회에서 15~34세에 해당하는 청년층의 약 43만 명 정도가 실업상태로 추정되고 있다(Statistics Korea, 2010). 88만 원 세대라고 불리는 청년층의 저임금 파트타임과 고용불안은 20~30대 젊은 여성들로 하여금 대리모 일을 선택할 가능성을 확대시키고 있는 것이 현실이다. 불임부부가 존재하는 한 의료 시장에서는 대리모를 필요로 할 것이며 공급자는 자연스럽게 가임기의 빈곤 상태에 있는 기혼 및 미혼의 젊은 여성이 될 것이다. 그럼에도 불구하고 대리모 여성들을 보호해 줄 수 있는 의료적, 법적, 사회적 안전망은 존재하지 않는다. 불임부부의 가족기능 향상에 대리모 여성이 기여하고 있는 것이 현실임으로 그녀들의 심리사회적 건강과 연계된 사회복지적 차원에서의 개입이 요구된다.

둘째, 우리사회에는 대리모와 출생자에 관한 명문화된 법률 규정이 없다는 점이다. 따라서 대리모 계약에 대한 효력의 무효설과 유효설로 논란의 여지가 지속되고 있다. 2005년 1월 시행된 '생명윤리법'에 따라 누구든지 금전 또는 재산상의 이익 그 밖에 반대급부를 조건으로 정자, 난자를 제공 또는 이용하거나 이를 유인 또는 알선해서는 아니 된다고 규정함으로써 대리모 계약은 금지되어 있다. 상업적인 난자 제공자에 대해선 생명윤리법에 따라 3년 이하의 징역에 처하도록 돼 있지만 상업적인 대리모 자체에 대해서는 실질적인 법적 규제는 없다고 볼 수 있다. 의사협회지침으로 금전적인 이유로 한 대리모 시술을 금지한다고 되어 있으나 역시 실질적인 구속력은 없다. 이렇게 대리모를 통한 출산은 혈연주의를 바탕으로 정상가족을 구성하고자 하는 우리 사회의 가족 문제를 현실적으로 반영하고 있다. 문제는 은밀하게 진행된다는 점이다. 이제는 가족법상 인정되고 있는 입양제도처럼 일정한 합법적 절차가 마련되어질 필요가 있다고 보인다. 물론 상업적 대리모 계약을 전면 허용할 경우 여성의 출산도구화 및 출생아의 상품화는 상당한 사회적 물의를 일으킬 것이다. 따라서 국외의 다양한 법적 기준을 검토하여 불임의뢰인 부부와 대리모 여성, 출생자에 관한 사회적 합의를 전제로 한 법적 방안 마련이 필요하다고 본다. 예를 들어 그리스처럼 불임의뢰인 부부, 대리모 여성, 혼인 중이라면 대리모 여성의 남편까지도 합의하여 서면화하고, 시술 이전 법원의 허가를 득함으로써 출생자에 대한 모권을 미리 법적으로 정리하는 것이다. 또한 비용측면에서는 이스라엘처럼 대리모 여성에게 임신과 출산에 따른 고통 및 시간, 수입손상에 대한 보상, 법적 비용과 보험료 등을 사회적 합의를 통해 적정선의 실비로 제공하는 것이다. 이는 대리모 여성의 경제적 보상과 건강권을 사회적 차원에서 보호받도록 할 수 있는 조치가 된다고 보인다. 대리모 출산이 음성화되어 대리모 자신뿐만 아니라 상황에 따라서는 불임의뢰인도 피해자가 되는 사태를 예방적 차원에서 접근해야 할 필요가 있을 것이다.

대리모 계약이 전면 금지된 국가로는 독일, 프랑스, 일본 등이나, 인정하는 국가로는 영국, 이스라엘, 그리스 등이 있다. 또한 주에 따라 금지와 허가가 혼재된 국가로는 미국과 호주 등이다. 대리모 계약을 인정하는 국가에서나, 금지하는 국가에서나 대리모 문제는 발생하고 있다. 이미 발생된 대리모 계약에서는 출생자의 아동복지적 측면에서의 이익과 복리를 최선의 목표로 선택한다는 것을 기본으로 하고 있다(박철호, 2009; 이영규, 2010). 따라서 현실에 맞는 대리모 관련 법 규정이 구체화될 필요가 있다는 점을 강조하고자 한다.

셋째, 이타적 대리모는 가족관계 형성에 긍정적인 영향을 주는 것인가에 대한 검토가 요구된다. 우리나라 병원에서 불임의뢰인에게 자매나 친족이 대리모가 되어주는 것을 가장 바람직한 것으로 설명하고 있다. 최근 일본에서 불임으로 고통받는 딸을 위해 어머니가 대리모가 되어 자녀를 출산한 사례가 발생하였다(오호철, 2009). 우리나라의 경우 친족 간 대리출산의 경우에도 출산한 여성을 어머니로 규정하고 있기 때문에 친족 간 근친혼을 금하는 기존 민법과 상충될 뿐만 아니라 가족관계를 혼란스럽게 한다는 점이다. 따라서 친인척에 의한 대리출산은 출생자의 복리 차원에서 허용하지 않는 것이 바람직하다는 오호철(2009)의 연구 제안을 지지하고자 한다.

넷째, 대리모 여성과 출생자의 관계는 천부적인 것이기에 우리 사회에서는 대리출생자와 대리모 여성과의 모성관계를 인정하고 있다. 대체로 모성이란 임신, 출산, 수유의 생물학적 요소와 양육이라는 사회적 역할요소, 이미지 및 가치적 요소와 상호 관련되어 이해된다(이은주, 2008). 보조생식술 이전에는 아기와 어머니가 유전적으로나 생물학적으로나 연결되었기에 여성의 임신, 출산, 양육은 필연적으로 상호 연결된다고 인식되었다. 하지만 대리모 여성의 모권은 특히 완전대리모의 경우에는 생물학적으로는 연계되나 유전적으로 대리모와 전혀 관계없기에 인정받기 어려운 부자연스런 것으로 간주될 수도 있다. 대리모 여성이 출생자에 대한 모성권을 주장하는 것의 합당성의 수준을 어떠한 기준으로 결정할 수 있는 것인가? 대리모 계약에 따라서 출생자를 의뢰인에게 인도하지 않아도 법적으로 강제할 수 없다는 견해도 있으나(김민종, 2002), 대리모 계약은 대리모가 출생자를 의뢰인 부부에게 인도하는 것이 핵심적 내용이기에 의뢰인 부부가 출생자인도소송을 제기하여 승소하게 되면 강제집행이 가능하다고 본다는 것이다(맹광호, 2005). 따라서 구축된 법적 사례들을 기반으로 대리모 여성의 모권－의뢰인 부부의 양육권－출생아의 아동복지적 측면을 고려한 가족법의 마련이 필요한 시점이라고 판단된다.

다섯째, 대리모에 대한 본 연구자의 의견을 정리하자면 다음과 같다. 결혼생활에 있어서 불임의 책임은 남녀배우자 모두에게 있을 수 있다. 하지만 전통적으로 불임의 책임은 여성에게 지워졌다. 여성의 개인적이며 사회적인 정체성은 자녀를 생산하는 것이기에 불임의 표적이 남성 배우자보다는 여성이 되기 쉽다는 점이다. 불임의 원인으로 규명된 여성 배우자는 심리사회적으로 가족 공동체로부터 압력을 받게 된다. 그러한 대안으로 마련된 장치가 전통적으로는 씨받이였다. 하지만 현대의학의 공헌으로 남성과의 직접적인 성관계가 없이도 대리모를 통해 자녀를 생산할 수 있게 되었다. 부부간에도 남성 배우자가 불임의 원인인 경우에 다른 남성의 정자를 활용해 자녀를 출산하려는 경우는 매우 희박하다. 다만 여성 배우자가 불임인 경우에 대리모의 필요성이 요구되는 것이다. 그렇지만 금전적 보상이 전혀 없이 자신의 배우자가 아닌 남성의 아이를 낳아주려는 여성이 현실적으로 존재하겠는가? 만일 대리모 출산에 대한 금전적 보상을 전면 금지한다면 140만 쌍 이상으로 추정되는 불임부부들을 대상으로 고액의 음성화된 시장이 형성되거나 해외로 나가 대리모를 찾게 되는 부작용들이 나타날 것이다.

본 연구는 완전대리모를 대상으로 분석되었다. 물론 생물학적으로 대리모 여성의 자궁을 빌려 출생한 신생아를 가족법상 마련된 입양이라는 절차를 통해 맞이하는 것이다. 현실적으로 그렇게 시행되고 있는 상황에서 대리모 출산을 비윤리적이며 비사회적인 것으로 비판하기 보다는 완전대리모의 경우 합법성을 두는 것이 의뢰인 부부와 대리모 여성 모두를 보호할 수 있을 것으로 생각된다. 대리모는 사회윤리적인 차원에서, 법제적 차원에서, 자본주의적 시장 메커니즘 차원에서, 여성 인권 착취와 침해 차원에서, 가족제도 차원에서, 새로운 생명 탄생의 존엄성을 지키기 위한 의식과 제도들이 만나는 복합적인 문제라 볼 수 있다. 이에 이스라엘과 같이 대리모 출생자에 대한 사회복지사의 역할을 법령화하고, 국외 대리모 출산을 통한 입양의 경우 뉴질랜드처럼 대리출산 이전에 의뢰인 부부의 적합성을 사회복지국의 사전심사를 거치는 등 대리모 출산에 대한 합당한 사회적 장치들의 정당성과 보호의 필요성이 강조되어야 할 것이다.

우리나라 전국 20세 이상 성인 남녀 1,000명에게 대리모 출산의 법적 허용 여부에 대한 의견을 물은 결과 반대한다는 의견이 66.1%, 찬성한다는 의견은 32.9%로 나타났다. 또한 '출산을 의뢰한 여성이 어머니인가'라는 질문에 55.7%가 그렇다고 대답했으며, '대리모가 어머니'라는 의견은 41.7%로 나타났다(이인영, 2005; 서울신문, 2005에서 재인용). 우리나라에서도 성인남녀 셋 중 한 명은 대리출산에 찬성하고 있으며 불임으로 출산을 의뢰한 여성이 어머니라는 의견에 과반수 이상이 찬성하고 있다는 것을 알 수 있다. 독일의 미래학자 마티아스 호르크스(2010)는 독일의 20여 년간 소비문화와 트렌드를 연구하면서 2050년쯤에는 대리모가 정식 직업으로 인정받게 될 것으로 예측하고 있다. 가족관계에도 큰 변화를 겪게 될 것이라는 점을 암시한 것이라 할 것이다.

물론 대리모와 의뢰인 그리고 출산아의 관계로 인해 발생되는 가족문제의 분쟁을 사전 예방하기 위해 이타적이든 상업적이든 대리출산 자체를 전면 금지해야 한다는 의견도 있을 것이다. 하지만 대한의사협회 의사윤리지침 제55조 인공수정과 대리모에 관한 법률로 허용된 방법으로 불임부부가 자녀를 갖도록 돕는 행위를 공식적으로 인정하고 있다. 현행법상 인공수정과 대리모 행위에 대한 법조항은 없다. 물론 제56조가 '금전적 거래 목적의 대리모 관계를 인정하지 않는다'고 명시하고 있으나 이는 금전적 거래가 없는 상황에서는 허용할 수 있다는 것을 의미하게 된다. 이것은 사실상 대리모를 전면 허용한 것과 별로 다르지 않다. 금전적 관계라고 밝히는 사람이 없을뿐더러 금전이 아니라도 보상할 수 있는 방법은 많기 때문이다. 또한 대리모 금지가 자신의 유전자를 갖는 아이를 원하는 부모의 소망과 '행복추구권'을 손상시킨다는 지적도 있다. 하지만 대리모 출산은 민법 제103조의 '선량한 풍속이나 기타 사회질서 위반 행위'에 해당되어 대리모의 인정은 모권 분쟁의 여지로 인한 가족관계의 문제를 남겨두게 된다. 현행 가족법에서는 '출산한 여성에게 모권이 있다'고 명시되어 있기에 법적 모권은 대리모에게 있다(구영모 엮음, 2000; 김일순 외, 1999; 대한의사협회, 2001). 법적·의료적으로 대리모를 중심으로 한 실천과 해석에 가치 충돌이 있기에 우리 사회에서 대리모 계약에 대한 사회제도적 장치의 마련이 시급하다고 보인다. 또한 대리모 여성의 자격기준을 공식화하여 임산과 출산경험이 없는 여대생을 포함한 젊은 미혼여성이 경제적 이유만으로 섣부르게 대리임신을 위한 시술 시도로 건강에 해를 입게 될 수 있는 경우를 예방하기 위한 정책적 마련의 중요성도 강조하고자 한다.

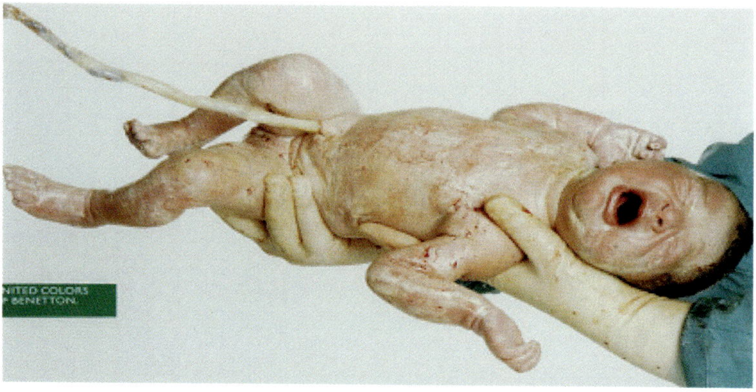

〈20세기 디자인 아이콘 광고, 2011. 2. 9. 광고에 담은 사회, 네이버 캐스트에서 발췌〉[9]

9) 본 연구자는 이 사진을 보며 불임부부의 희망인 아기가 탯줄을 타고 세상 밖으로 나오는 장면을 연상하였다.

참고문헌

구영모. (2000). 『생명의료윤리』. 서울: 동녘.

국민건강보험공단. (2005~2007). 『2005~2007년 불임증 질환 진료인원 통계 현황』.

김경욱. (2008). 『위험한 독서: 달팽이를 삼킨 사나이』. 경기도: 문학동네.

김민중. (2002). 『생명공학의 발달에 따른 민사법적 과제"』. 민사법학, 22.

김일순 · 손명세 · 김상득. (1999). 『의료윤리의 네 원칙』. 서울: 계축문화사.

노컷뉴스. (2008. 12. 9). "미국 경기악회에 난자팔아요. 대리모도 괜찮아요".

대한의사협회. (2001. 11. 15). 『의사윤리지침 공포자료』.

동아일보. (2001. 11. 16). "국내 대리모 출생 자녀 100여 명 추산".

마티아스 호르크스. (2010). 『위대한 미래』, 이수연 역. 서울: 한국경제신문발행.

미주세계일보. (2009. 10. 9). "대리모 찾아 인도로 향하는 미국인들".

맹광호. (2005). 『대리모 계약의 유효성 여부』. 비교사법, 12(2).

보건정책과 저출산대책팀. (2010). 『2010년도 불임부부지원 안내』.

박동진. (2005). 『대리모제도의 법적 문제』. 연세대학교 법학연구원. 법학연구, 15(1), 25~57.

박철호. (2009). 『대리모 계약에 대한 유효성 논란과 법리분석』. 한양법학회, 28, 253~291.

박준철 · 신소진 · 김종인 · 이정호 · 김택훈. (2003). 「선천성 질결여증 여성에서 신생질을 통한 난자채취에 의한 성공적인 대리모임신 1예」. 『대한산부인과학회지』, 46(3), 681~684.

이인영. (2005). 『대리모 관련 문제점 고찰 및 입법방안 모색』. 보건복지부 용역.

이인영. (2005). 「대리모에 관한 법률적 쟁점사항과 사회적 수용태도」. 『법과 사회 29호』.

이영규. (2010). 「대리모에 의한 출산자와 모자관계」. 『한국법정책학회』, 10(1), 83~108.

이은주. (2008). 「기술화된 계약 임신 경험을 통해 본 대리모의 행위성 구성에 관한 연구」. 이화여자대학교 여성학과 석사논문.

이인영. (2005). 「대리모에 관한 법률적 쟁점사항과 사회적 수용태도」. 『법과 사회』, 29, 275~311.
이창상. (2005). 「21세기 민사법학의 과제 - 대리모 계약의 논란과 법적 문제점」. 경성대학교 법학연구소. 『경성법학』, 14(2), 21~52.
엄동섭. (2005). 「대리모 계약에 관한 외국의 입법례」. 『가족법연구』, 19(2), 47.
서울신문. (2005. 11. 13.). "국민 28% 불임 땐 대리모 출산".
전종영 · 이승재 · 박종민 · 권혁찬 · 노성일. (1989). 「내분비 및 불임; 체외수정에 의한 대리모 임신」. 대한산부인과학회 학술대회, 64, 67.
한미영 · 허인정 · 박현주 · 이현진 · 이은희. (2005). 「뮬러관 형성 부전증 여성에서 성공한 대리모 임신 1예」. 『대한산부인과학회지』, 48(6), 1533 - 1538.
함철훈. (2003). 「생명과학의 발달을 둘러싼 현대사회의 법적 과제 - 대리모 및 대리출산을 중심으로」. 가톨릭대학교 법학연구소. 법학연구, 2(1), 172~173.
SBS. (2009~2010). "천만번 사랑해 (방송드라마)".
SBS 뉴스추적. (2005. 3. 8. 제323회). "대리모: 아기, 대신 낳아드립니다".

van den Akker, O. (2007). Psychological aspects of surrogate motherhood. Human Reproduction, 13(1), 53 - 62.
Baslington, H. (2002). The social organization of surrogacy: relinquishing a baby and the role of payment in the psychological detachment process. Journal of Health Psychology, 7(1), 57 - 71.
Baumann, S. L. (2008). Wisdom, compassion, and courage in the Wizard of Oz: A human becoming hermeneutic study. Nursing Science Quarterly, 21(4). 322 - 329.
Ciccarelli, J. C., & Beckman, L. J. (2005). Navigating rough waters: an overview of psychological aspects of surrogacy. Journal of Social Issues, 61(1), 21 - 43.
Economic, Environmental and Social Statistics of OECD(2010), Population and migration-population-Total Population, Total fertility rates, number of children born to women aged 15 to 49, OECD Fact book.
Edelman, R. (2004). Surrogacy: the psychological issues. Journal of Reproductive and Infant Psychology, 22(2), 123 - 136.
Hague web site, http://www.hcch.net Hague Convention on Protection of Children and Co-operation in Resprect of Intercountry Adoption.
Hohman, M. M., & Hagan, C. B. (2001). Satisfaction with surrogate moth- ering: a relational model.Journal of Human Behavior in the Social Environment, 4(1), 61 - 84.
Statistics Korea(2010). Economically Active Population Survey in February 2010,

http://www.kostat.go.kr.

Teman, E. (2003b). The medicalization of ''nature'' in the ''artificial body'': surrogate motherhood in Israel.Medical Anthropology Quarterly, 17(1), 78 - 98.

Teman, E. (2006). The birth of a mother: mythologies of surrogate motherhood in Israel. Dissertation. Dept of Sociology and Anthropology. The Hebrew University of Jerusalem.

Teman, E. (2008). The social construction of surrogacy research: An anthropological critique of the psycho-social scholarship on surrogate motherhood. University of California, Berkeley, CA.

Willig, C., & Stainton-Rogers, W.(2008). The SAGE handbook of qualitative research in psychology. Thousand Oaks, CA:Sage Publications.

제 4 장 북한이탈여성의 남한살이

2011년 1월을 기준으로 남한에 입국한 북한이탈주민은 2만여 명이 넘는 것으로 보고되었다(통계청, 2011). 또한 2004년 이후 총 입국자 수의 70%가 여성이라는 점을 감안할 때 북한이탈여성의 남한생활을 이해하는 것은 향후 남북한 통합에 중요한 영향을 미칠 것으로 파악된다. 북한이탈여성의 입국 증가 이유는 남성보다 여성이 시장 활동 및 국외 거주 중국인과의 사실혼 관계 등으로 국경이동이 좀 더 수월했던 것에서 찾을 수 있다. 그러나 북한이탈여성들은 탈북 과정에서 불법적으로 제3국에 체류하면서 성폭력, 인신매매로 인한 매춘강요, 무국적자로서 중국남성과의 사실혼관계 및 사생아 출산 문제 등을 겪으며 남한입국 후에도 정신적 외상으로 인한 불안, 우울, 정체감 혼란을 남성보다 더 겪는 것으로 나타났다(강차연, 2004; 김현경, 2007, 2009).

연도	총 입국자수			단독입국 (기입국가족 없음)	가족단위입국 및 기입국가족 존재
	총계	남성	여성		
2006	2,018	509	1,509	1,014	1,004
		25%	75%		
2007	2,544	570	1,974	1,339	1,205
		22%	78%		
2008	2,809	612	2,197	1,540	1,269
		22%	78%		
2009	2,927	668	2,259	1,492	1,434
		23%	77%		

(통일부 내부자료, 2010년 5월)

현재까지 북한이탈주민은 남한사회에서 소수자의 위치에 있기에 이들을 이웃으로 수용하고 이해하는 데 많은 어려움이 있는 것이 사실이다. 최근 우리 사회가 국제이주결혼여성으로 인하여 다문화를 강조하고 있으나 북한이탈여성의 경우는 일반적인 다문화권 대상자와는 독특한 차별성이 있다. 역사적으로 남북은 한국전쟁 60여 년이라는 분단의 아픔을 안고 있다. 이에 따라 남한사람들은 북한이탈주민을 난민이주자로서의 독특한 경험을 충분히 이해하기 어려운 입장이다. 물론 다양한 분야의 정신건강 전문가들이 통일 이후 남북주민의 통합을 위한 심층적 자료를 확보하기 위한 연구들을 실행하였으나 북한이탈주민의 관점에서 그들의 심리・정서적 체험을 드러낸 질적 연구는 소수이다(Kim & Lee, 2009; Lee & Kim, 2007). 따라서 본 연구에서는 북한이탈여성의 심리적 고통 체험이 남한이라는 현재와 미래에 어떠한 영향을 주며 통합되어 가는지 그 구조를 파악하고자 한다.

우선 북한이탈여성의 정신건강을 살펴보면 다음과 같다. 북한이탈여성을 포함한 난민이주자들에게 가장 충격이 심하고 다양한 사건이 발생하는 시기는 탈출 이전과 탈출과정 기간이라 할 수 있다. 북한이탈주민도 북한에서 생활하면서 겪었던 굶주림, 구타, 고문, 강제노역 등과 같은 다양한 육체적 외상뿐 아니라, 감금, 감시, 세뇌, 공개처형 목격 등과 같은 정치 사상적 외상, 가족의 죽음 목격 및 이별 등과 같은 가족과 연관된 외상을 경험하게 된다. 좀 더 구체적으로 언급하자면, 식량부족으로 인한 극심한 굶주림 경험, 가족 및 친인척 등의 아사 목격, 안전원으로부터의 구타와 고문, 자신이나 가족 및 친인척이 정치적 과오로 인해 사상성을 의심받아 처벌됨, 사상투쟁의 대상이 된 경험, 출신성분으로 인한 고통, 정치범수용소나 교화소 생활, 공개처형 목격 및 타인의 고문 목격, 가족이 파라티프스 및 폐결핵 등으로 죽어가는 과정에서 병 치료에 도움을 줄 수 없었던 경험 등이 제시되었다. 나아가 북한이탈주민이 탈출을 결심하게 되면 탈북 준비 기간을 갖게 되는데, 이 또한 발각위험과 가족에게도 털어놓을 수 없는 심적 고통 등을 경험하게 된다. 탈북과정에서는 음식물과 식수부족으로 생명의 위협을 느꼈던 경험, 국경 북한경비병 또는 중국경비대의 검열로 긴장 또는 체포된 경험, 가족과의 어쩔 수 없는 이별, 생존을 위해 불가피 하게 타인의 물건을 훔쳐 달아난 경험, 성폭력, 제3국의 낯선 언어, 낯선 얼굴, 낯선 땅에 처음 대했을 때, 한국대사관이나 영사관에 망명 요청이 거부되었을 때, 사격을 받아 생명의 위협을 당한 경험 등이 외상 경험으로 보고되고 있다(탈북자 동지회, http://www.nkd.or.kr/; 북한인권시민연합, http://www.nkhumanrights.or.kr/; 강성록, 2000).

이렇게 탈북 후 남한에 안전하게 입국할 때까지 발각·체포와 연관된 외상, 배신과 연관된 외상 등 난민에 준하는 외상을 경험하는 것으로 밝혀지고 있다. 국내 북한이탈주민의 외상 체험 연구에서 제시된 결과에 의하면 북한 내 그리고 탈북과정에서의 외상 경험들은 우울과 불안과 연계되었으며(강성록, 2000), 남한입국 이후 개별적으로 삶의 방향을 찾아가는 과정에서 과거 고통스러웠던 외상의 영향으로부터 결코 자유롭지 못하였다. 외상 경험으로 인한 고통의 영향은 신체적으로는 불면과 악몽으로 반영되고, 정서적으로는 우울과 무기력감으로 나타났다. 또한 자신도 모르게 과거의 기억들이 몰려들어 현실에 주어진 과업에 몰입할 수 없게 되는데, 진정으로 잊고 싶은 기억들이 개인의 의지와 관계없이 침투하여 떠오르는 경험을 하게 되거나 특정한 주제나 장소를 회피하게 되는 부정적인 경험을 하였다(김현경, 2007, 2009).

또한 북한이탈주민의 경우 국제법상 중국, 베트남, 러시아 등 제3국에서는 행해지지 않지만 그들이 제3국에서 불법체류자로서 체포되어 북송되어질 때 북한 내에서 고문이 행해지고 있다. 김현경(2010)의 북한이탈주민 고문으로 인한 외상 후 충격에 관한 연구결과에 의하면 여성이 남성보다 외상 충격이 훨씬 심한 것으로 나타났다. 이러한 본 연구 결과는 국외연구(Ekblad et a., 2002; Robertson, 2006) 결과와도 일치한다. 전쟁과 고문을 경험했던 난민여성들은 남성에 비해 위기상황에 대한 대처 능력이 상대적으로 떨어질 뿐만 아니라 배우자를 상실하거나 이별한 경우 생계부양으로 인한 정신적 어려움이 중첩되어 정신적 후유증이 더 큰 것으로 나타났다. 북한이탈여성의 경우 수감생활 또는 국경을 넘는 과정, 제3국 체류 중에도 다양한 위험요인들에 직면하게 되지만 특히 성폭력(성고문)의 위험요인에 노출된다는 점을 심각하게 고려해볼 필요가 있다. 이러한 현상은 1990년대 경제난 이후 북한이탈여성은 국가의 모성보호 조치는 열악해졌고, 생계를 위해 경제활동에 내몰리고 이 과정에서 그리고 탈북 후 중국에 체류하는 동안 공안의 추격과 불법체류자의 지위를 악용하는 브로커와 현지인 등으로부터 착취와 폭력에 노출되고 있는 것으로 나타났다. 또한 북한에 자녀를 두고 탈북한 경우 북한이탈여성이 느끼는 죄책감, 예상치 못했던 성폭력, 매매혼과 인신매매 등을 경험했을 때의 정신적 상처는 심각한 수준으로, 이는 한국에 입국한 후에도 다양한 형태의 육체적 질병으로 나타나고 있는 것으로 설명될 수 있다(김현경, 2007, 2009; 국가인권위원회, 2010).

하지만 전반적으로 탈북 이후 남한사회 적응 과정에서는 여성보다 남성이 더 취약한 상태인 것으로 나타났다. 진미정(2007)은 '탈북 여성의 발달과 적응'이라는 주제 발표를 통해 탈북 남성은 '새로운 사회에서 가치관의 변화를 더 많이 경험'하고 있으며, '과거의 내가 아닌 것 같이 느낄 때가 있다'라는 질문에 남성이 여성보다 동의하는 정도가 높았다고 밝혔다. 그리고 '고향에 대한 그리움이나 북한에 두고 온 가족에 대한 죄책감'이 여성보다 남성에게서 더 높게 나타난 것으로 보아 남성이 여성에 비해 정서적 문제를 더 많이 겪거나 더 높게 인식하고 있는 것으로 파악되었다. 덧붙여 '탈북 남성은 사회문화적 적응이나 구체적인 생활 영역에서도 더 많은 문제를 경험하거나 인식하고 있다'며 '이들의 문제는 정서적 문제와 취업, 생계비 벌기 등 경제적 문제, 자녀 양육과 같은 가족 문제를 모두 포괄하고 있다'고 말했다.[10)]

남한생활에서 북한이탈남성이 경험하는 문화적 갈등의 수준은 여성보다 더 높은 것으로 나타났다. 북한이탈주민 남녀의 정신건강 측정결과를 전제로 할 때 남성이 여성에 비해 우울, 반사회성, 강박증, 내향성 척도에서 상대적으로 더 높은 점수를 나타냈는데, 이는 남성이 자기비하나 자기비판과 같은 자기 평가가 엄격하고 사고의 경직성과 강박적 성향이 있으며, 스트레스 상황에서 반사회적인 외현화 증상으로 표현하거나 사회적 관계에서 불편함을 보다 더 크게 느낄 가능성이 있다는 것이다(정병호 외, 2006, pp.586~587). 북한이탈주민 우울 수준을 하나원 교육시점인 2001년과 그 후 3년이 경과한 2004년을 비교분석한 결과 북한이주민의 우울 수준은 초기 하나원 시기에 비해 유의미하게 증가한 것으로 나타났다. 즉, 정착 기간이 길어지면서 정신 질환에 걸릴 위험률이 감소된다는 다른 난민연구(Steel, et al., 2002)결과와는 일치하지 않는 결과였다. 특히 여성들은 3년 동안 우울 수준의 변화가 거의 없었던 반면 남성들은 우울 수준이 증가하였다. 즉, 정착 초기에는 남성이 여성보다 우울 수준이 낮았으나 정착 이후 남한 생활에서 남성이 여성보다 우울감에 더 취약했다. 이러한 결과는 하나원 거주 시 북한이주 남녀의 우울 수준이 거의 비슷했다는 김현아・전명남(2003, pp.129~160)의 연구 결과, 그리고 남성이 여성보다 우울수준이 높다는 한인영(2001, pp.78~94)의 연구결과와 비교해 보면, 남한생활에서 남성이 여성보다 우울감을 더 많이 경험한다는 사실을 재차 확인할 수 있다. 이것은 상대적으로 남존 여비 사상이 강하고 남성들에게 사회적 우대와 이익이 주어지는 북한사회에 익숙한 북한이탈 남성들이 남한사회에서 여성에 비해 사회적 지위의

10) 한국인간발달학회 창립 20주년 기념 추계 학술심포지엄(2007. 10. 26), '탈북 여성의 발달과 적응', 서울대 박물관.

하락을 더 많이 경험하고, 남성 정체감의 중요한 요소를 형성하는 경제적 능력이 손상됨을 더 많이 느끼면서 더 큰 좌절감을 느끼는 것으로 해석할 수 있다(정병호 외, 2006).

또한 북한이탈남성의 경우에도 여성과 마찬가지로 연령이 높을수록 우울 수준이 높게 나타났는데 이는 고연령층이 저연령층에 비해서 남한사회에서 더 많은 좌절과 어려움을 겪고 이주 생활 적응에 어려움을 많이 느낄 것이라는 것을 시사하는 결과이다. 즉, 연령이 많을수록 잔여 가족의 탈북 및 입국, 자녀 양육, 새로운 직장을 찾는 문제 등으로 인한 부담은 커지고, 가존 사회에서 이루어 놓은 사회적 역할이나 성취, 인간관계 등 많은 부분을 포기해야 하는 입장이 된다. 또한 북한 내 탈북과정에서 더 많은 외상을 경험하고 심리적 신체적인 좌절과 무기력감을 더 깊이 경험했을 가능성이 있다(강성록, 2000). 나아가 과거 북한에서 결혼 경험이 있는 사람들이 없는 사람들보다 유의하게 우울감이 높다는 것은 북한이탈 여성과 남성 모두에게 가족과 관련된 문제는 여러 측면에서 우울감을 심화시키는 요인이 된다는 것을 보여준다. 북한에서의 결혼 경험이 의미하는 바가 가족이 보유한 자원이나 주변지원체계라는 긍정적 경험보다는 남겨진 가족을 데려오는 데서 발생하는 여러 가지 문제나 헤어진 가족에 대한 상실감과 그리움, 탈북과정에서 생긴 복잡한 가족관계에서 생긴 갈등과 관련된 문제임을 예측해 볼 수 있다(정병호 외, 2006).

일반적으로 탈북자들이 경험하는 가장 큰 어려움은 취업과 생활비 벌기인데, 남성이 여성보다 더 큰 어려움을 호소하고 있다(이순형 외, 2007, p.309). 직종에 있어서도 남녀 간 차이가 있는데 남성은 일용직보다는 사무직이나 공장근로의 비율이 더 높게 나타났다. 하지만 여성은 사무직이나 공장근로보다 일용직의 비율이 더 높았다고 보고되었다(이순형 외, 2007, p.298). 하지만 실질적으로 탈북 여성들은 남성에 비해 취업의 안정성이 더 낮고 근로소득 이외의 생계급여나 정착금에 의존하는 비율이 더 높았다 이러한 현상은 탈북여성의 노동 상황이 과거와 달리 성분절화되어 있는데다 비정규직 노동의 확대라는 여성 노동의 일반적 상황과 다르지 않기 때문이다(진미정, 2007).

이렇게 남녀 간 성별도 직업의 안정성과 취업에 영향을 미치게 되는 것임을 알 수 있다. 일반적으로 남성들은 사회적 요구, 신체적 조건, 그리고 육아 및 가정사에 대한 구속을 받지 않아서 취업에 유리하며 이러한 특성이 북한이주민의 취업형태에서도 반영되고 있다. 북한이주민들 중 남성들은 실업률이 12%인 데 반해 여성들은 28.8%로 나타나 취업률에서 남성들이 훨씬 더 우세한 사실을 보여주었다. 직업의 안정성 면에서도 남성들은 정규직이 38.8%이나 여성들은 31.8%에 그치고 있다. 자영업도 남성들은 17.6%이나 여성들은 6.1%에 그치고 있다. 반면 직업의 안정성이 낮은 계약직에는 여성들이 33.6%로 남성들의 30.6%를 앞서고 있다. 임금에 있어서도 여성들이 남성의 60%에 해당하는 소득을 보였으며 남성들 간에는 여성들에 비해 2배가 넘는 편차를 보이기도 하였다.

북한이탈주민 성별에 따른 의식의 변화 양상을 알아보기 위해 하나원 교육시절(2001)과 그 후 3년경과(2004)의 변화를 비교분석[11]한 결과는 다음과 같다(정병호 외, 2006). 2001년 조사결과에서 여성들이

11) 비교한 내용: 경제생활만족도, 가치관 혼란, 북한이주민 간 단결, 정부지원정책 만족도, 남한 사람 이해곤란도, 북한에 대한 심리적 동조, 정신신체 건강 만족도, 터놓고 이야기할 대상, 주거 만족도, 남한사회 및 언어 이해, 남한사람들의 편견, 미래에 대한 전망이다(정병호 외, 2006, p.451).

남성에 비해 더 큰 가치관 혼란을 느껴 북한에 대한 심리적 동조도 더 하고 있었으나, 이에 비해 남성들은 정신·신체 건강 만족도가 더 높았고, 터놓고 이야기 할 대상도 많이 있었으며, 남한사회 및 언어에 대한 이해를 더 하고 있다는 생각들을 하고 있는 것으로 나타났다. 그러나 2004년도 조사에서는 정신신체 건강에 대한 만족도에 있어서 남성이 여성보다 더 높은 것을 제외하고는 모든 남녀 간의 유의하였던 차이가 없어진 것으로 나타났다. 가치관 혼란에 있어 1차 조사에서는 여성이 더 심한 것으로 나타났으나, 2차 조사에서는 남성이 약간 더 심한 것으로 나타난 것이다. 즉, 남성은 3년간의 남한사회생활을 통해 가치관의 혼란이 더 심해져 간 것으로 나타났으나, 여성들은 급속히 가치관의 혼란이 줄어든 것으로 나타났다. 북한에 대한 심리적 동조에 있어서도 처음 남한에 입국한 시기에 여성들이 더 강한 것으로 나타났으나, 3년 동안 남성들은 거의 변화가 없었던 것에 비하면 여성들은 급격히 줄어 남성들과 거의 차이가 없는 것으로 나타났다. 또한 터놓고 이야기할 대상을 가지는 것도 남한사회 적응 초창기에는 남성들이 더 많았으나 그 후 여성들은 그런 대상이 급격히 증가한 것에 비하여 남성들은 오히려 약간 숫자가 감소한 것으로 나타났다. 남한사회 및 언어의 이해 정도에 대해서도 적응 초창기에는 남성들이 여성에 비하여 훨씬 높았으나, 3년 뒤 여성들은 급격히 증가하여 오히려 남성보다 여성이 더 높은 것으로 나타났다. 전체적으로 보아 여성들이 남성들보다 하나원 입소와 그 후 3년 시기에 더 급격한 의식의 변화를 체험한 것임을 시사한다.

이주자들이 경험하게 되는 문화적응스트레스는 새로운 지역에 정착해야 하는 주변 상황의 변화에 적응할 때 겪는 심리적 어려움이라고 할 수 있다. 이 과정에서 이주자들은 심리적으로 강한 충동, 잃은 것을 회복하고자 하는 갈망, 해체, 혼란, 정체성 위협, 어린 시절의 상실에 대한 재연, 과거 관계에 대한 강한 의존성 등의 모습을 보이게 된다(Grinberg & Grinberg, 1989). 자국 문화의 상실을 경험하게 되는 이주자들은 초기에는 '저항'하며 울고 화나는 즉각적인 감정 반응을 보이게 된다. 다음으로 상실이 어떻게 나타나는지 알게 되면서 해체와 좌절을 겪게 된다. 사람에 대해 불안, 집착, 혼란의 모습을 보이기도 한다. 마지막으로 이제 이주자들은 새로운 현실에 맞지 않는 감정, 생각, 행동들을 정리할 필요를 느끼면서 자신의 정체성을 재조직화하는 과정을 겪게 된다(Schneller, 1981). 새로운 정체성의 재조직화는 정체성의 변화(transformation)와 확장을 의미하며, 이를 위해서 내재화된 과거의 관계를 통합하고, 새로운 적절한 관계를 맺어가는 것이라고 전문가들은 제안하고 있다(Marlin, 1997).

〈'굿바이, 평양', 2011: 양영희 감독〉[12]

본 연구의 참여자 선정은 유의적 표집방법인 눈덩이 표집을 적용하였다. 종교재단 NGO 단체를 통해 남한에 입국한지 2년 이상 된 북한이탈여성 세 명으로 구성되었다. 자료는 2006년 8월부터 2007년 8월까지 수집되었다. 연구를 위한 질문은 '남한에 들어오시기 전에 북한에서나 제3국에서 심리적으로 충격적이었던 경험이 어떠한 것이었는지 말씀해주실 수 있는지요?'라는 개방형 질문으로 시작하였다. 대화 장소는 연구자 및 참여자의 자택, 조용한 식당이나 찻집 등에서 이루어졌다. 대화는 5회 이상에 걸쳐 이루어졌으며, 각 면담 시간은 1시간 30분~2시간 정도 소요되었다. 대화 내용은 참여자의 사전 동의를 통해 녹음되었으며, 녹취 내용은 본 연구자가 당시의 언어, 비언어적 메시지들을 반영할 수 있도록 여러 번 반복 청취하면서 워드프로세스에 직접 필사하였다.

북한이탈여성 1의 체험 내용은 다음과 같다.

기본적인 욕구조차 해결할 수 없으니까…… 가족 간에 보살핌, 사랑 그런 건 느낄 수가 없어요. 감옥에 오래 있다 보니까…… 성격이 포악해져서 같은 방에 있는 애들 머리도 잡아채고…… 얼굴도 할퀴어 놓고…… 공격성이 통제가 안 되는 거예요……. 사납게 되는 거예요. 머리로는 이러지 말아야 하는데…… 공격적이 되고…… 많이 두려웠

12) 재일교포 2세 양영희 감독이 만든 '굿바이, 평양'은 북한과 일본 오사카에 각각 30년째 헤어져 살고 있는 이산 가족의 삶을 그린 다큐멘터리 영화. "고모!"라고 부르는 앙증맞은 조카 선화와의 첫 만남부터 반복적인 정전을 아무렇지도 않게 넘기거나 음식점에서 식사를 하는 등 평양의 한 가족의 소박하고 평범한 일상을 그린다. 그 담담한 시선 뒤에는 영화 '디어 평양, 2006' 이후 북한 입국이 금지된 양영희 감독의 가족에 대한 그리움과 정체성의 무게를 느낄 수 있다(서울신문, 2011. 3 . 8. 20면, '분단선 넘어온 눈물…… 北風 부는 충무로').

어요. 매일 나쁜 꿈에 시달리는 거예요. 꿈에서도 한국에 가야 하는데…… 빨리 여기를 빠져나와야 하는데…… 꿈에서도 불안한 거예요.

한국에 가려다가 베트남에서 잡혀가지고 1년을 중국에 있는 국제수용소에서…… 잡히면 죽을 거란 생각을 했기 때문에 약을 준비해 잡히면 약 먹을 거다. 각오하고 갔으니까…… 잡힌 거예요. 약을 다 먹어 버렸어요. 무의식에 빠져 있었다가 주사 맞고 살아 난…… 중국 국제수용소로 다시 들어가서 1년을 더 살게 된 거지요. 좁은 방에 6~7명이 같이 있어서…… 창살 작은 문 앞에 사람들이 뒤로 일렬로 쭉 앉아요. 좁은 공간에 공기는 희박하지요……. 먹는 거는 옥수수가루 한 덩어리씩 주니까…… 비타민도 부족해지고…… 사람들이 쇼크로 넘어지고…… 죽기도 하고…… 밤에 잠을 자는데 자리가 있어도 고통을 주느라 일부러 사람들을 앞뒤로 바짝 붙어 서라고 해요. 중국 간수가 내 인생이 안됐다고 생각했는지 사비를 내서 빼 준 거에요. 중국수용소에서 자살하려고 1주일간 물 한 모금 마시지 않았어요. 밥덩이 들어오면 다른 사람들한테 밀어주고 1주일을 지냈는데…… 비틀거리면서 걸어다니는…… 어떻게 그런 곳에서 살아났는지…… 다른 사람들은 잘도 죽어서 나가던데…… 수용소에서 죽어 나가는 사람 많이 봤거든요. 한국에 오려고 하다가 베트남에서 한 번, 중국에서 한 번 잡혀서 2년 1개월 수용소에서 살았으니까……한국에 왔는데도 문득 문득 수용소에 있을 때 생각이 나요……. 안 나는게 이상한 거지요……. 근데 기분이 이상해져요. 정말 내가 수용소에 있는 것 같은 느낌이 들면서…… 울컥하게 돼요. 그때 느꼈던 감정들이 그대로 올라오구요……. 내가 자살하려고 굶으면서 희망 없이 지냈던 기억들이 사진처럼 지나가요……. 그러면 기분이 계속 가라앉으면서 우울해지고……

나는 북한을 저주해요. 이가 조물거렸던 차디찬 바닥에 앉아서…… 하루 종일 무릎 굻고 있었던 모습……. 성질은 사나워져서…… 같은 방 사람들하고 할퀴고 싸우고…….

인간이 죽지도 못하면서 세상하고 격리돼서 사는 그 고통이 얼마나 큰 건지 알게 됐어요. 그 속에서 사느니 차라리 빨리 죽을 수만 있다면 그걸 선택했을 거예요. 죽고 싶어도 죽을 수 없는 그 고통이 더 혹독해요. 죽음을 기다리면서 느끼는 그 고독감은…… 혹독했어요. 평생을 그렇게 살아야 한다는 생각이 드니까…… 죽는 것도 쉽게 되질 않는 거예요. 인간에게 자유는 목숨보다 더 필요한 거구나 하는 걸 감옥에서 알게 됐어요. 만일 여기서 나갈 수만 있다면 또 한국 갈 거다. 꼭 간다. 절박하니까 더 간절해지더라고요. 간수가 보위부 사람들한테 돈을 따로 줘서 북한에서 중국까지 다시 데려다 줬어요. 북한에서 미래는 없으니까…… 한국에 들어와서부터는 이젠 내가 살았구나 하는 안도감이 들었는데…… 하나원에 들어와서부터는 정말 마음이 푹 놓이고 너무 좋은 거예요. 2시간이면 올 거리를 4년이나 걸려서 왔거든요. 고생해서 한국엘 들어온 건데…… 지나간 시간이 너무나 아깝고 허망한 거예요. 뒤돌아보지 말자…… 하면서 나를 달래요. 내가 겪어왔던 정신적 고통들, 육체적 고통들을 잊고 싶지 않았어요. 오히려 그걸 나한테 비춰볼 때 나는 그걸 항상 잊지 말고 여기서 살아가는 힘으로 써야겠다. 그때는 고통이었지만 오늘날에는 힘이 돼요. 정신적으로 힘들 때 오히려 과거 생각을 떠올려요.

북한이탈여성 1의 체험을 축약하면 다음과 같다.

* 가족관계뿐만 아니라 감옥에서도 모든 인간관계가 포악해지고 공격성이 통제가 안 되었고 두려움과 불안감에 시달렸기에 한국에 가고 싶었다.
* 한국행 발각으로 2년간의 수용소 생활은 자살을 시도할 만큼 고통스러웠다.
* 문득 문득 수용소 생활이 떠오르면 기분이 이상해지고 느낌이 울컥하면서 희망 없이 지냈던 기억들로 우울해진다.
* 죽고 싶을 만큼 혹독한 수용소의 고통 속에서 자유는 목숨보다 더 필요하다는 것을 절박하게 알게 되어 돈을 따로 주고 중국으로 빠져나와 한국으로 들어오니 안도감이 들어 좋았다.
* 고생한 지난 시간이 허망하였으나 잊지 말고 여기서 살아가는 힘으로 쓸 것이다.

즉, 북한이탈여성 1의 체험은 가족과 사회의 해체로 탈북하려 했으나, 죽을 만큼 힘든 혹독한 수용소의 고통 속에서 자유를 갈망하며 적극적으로 북한탈출을 감행했기에 한국에 올 수 있었고, 과거의 고통들을 개인의 성장으로 전환하는 과정이다. 그녀는 가족과 사회의 해체가 개인 생활에 부정적인 영향을 미치니 탈북하여 한국에 가고 싶었고 탈북하다 잡혀 수용소 생활의 고통스런 경험으로 우울하였으며, 죽을 만큼 혹독한 수용소의 고통 속에서 자유를 갈망하며 적극적으로 북한탈출을 감행했기에 한국에 올 수 있었으나 남한입국을 위해 보낸 세월이 아까워 허망하기도 하지만 과거의 고통을 개인의 성장으로 삼고자 하였다.

북한이탈여성 2의 체험 내용은 다음과 같다.

나 살자고 어떻게 자식을 둘이나 놓고 올 생각을 했겠어요. 몰랐으니까 따라 나섰지요. 남편이 중국 나가서 식량 얻어 오려고 작은 배를 하나 샀다고 해서 그런 줄 알고 탔던 거예요. 도착하게 되면 알려준다 해서 그런 줄 알고 배에서 잤어요. 눈을 떠보니 태극기가 보였어요. 내가 북한에 가봐야 반역자의 자식이라고 고생할 텐데…… 그런 생각하면 자식 목숨은 지켜줄 수 있어도 미래가 없는 거예요. 북에 가봐야 소용없다는 걸 알면서도…… 자식들이 보고 싶으니까…… 아이를 데려올 때까지는 한국에 사는 게 고통스러워…….

애들 생각 때문에 정신적으로 힘드니까 음식이 목구멍으로 넘어가질 않아서…… 밥을 거의 못 먹고 살아요. 계속 깡마르고…… 남편한테 퍼붓고 싸우고 나면 손가락 마디가 저려오고…… 온몸이 쑤시고 아파서 특히 밤에는 잠을 잘 수가 없었어요. 날마다 불면증에 시달리고…… 항상 잠이 모자라는 거예요. 자식이야기 하는 걸 피하게 되고…… 아이만 데려오면 내가 장사에 더 집중할 것 같아요. 아이 생각하느라고…… 장사하는 데 온전히 신경을 못 쓰게 돼요. 남편하고 거의 매일 싸우다시피 하지요. 마음이 고통스러우니까 혼자 이기질 못해서 매일 밤이면 울고…… 이웃에 하소연하러 다니고…… 혼자 가만히 있으면 머릿속에는 어떻게 북에 있는 자식을 탈출시킬 수 있을까 그것만 생각하는 거예요. 아이를 한국에 데려오는 걸 한 번 실패하고 나니까 마음이 더 조급해 지구 힘들어지는 거예요. 말기신부전증까지 와서……. 계속 이렇게 살면 안 되겠구나 하는 생각이 들었어요. 피아노를 배우기 시작했는데…… 가슴 답답하고 화가 치밀 때는 리시버를

끼고 피아노를 몇 시간씩 두드리다 보면…… 마음이 가라앉고 좀 풀리는 것 같아요. 내 감정을 조절하는 거지요. 내가 강아지 인형 두 마리를 사서 아이 대신 안고 자거든요.

북한이탈여성 2의 체험을 축약하면 다음과 같다.

* 자식 둘을 북에 놓고 중국 가 식량을 얻어오자는 남편을 따라 배를 타니 태극기가 보였고 이제 북에 가봐야 소용없다는 걸 알면서도 자식이 보고 싶어 고통스럽다.
* 애들 생각에 정신적으로 힘들어 밥을 먹을 수 없고 불면증에 시달리며 매일 남편과 싸우면서 밤마다 울고 하소연하여 장사에 집중할 수 없으며 말기신부전증까지 왔다.
* 가슴 답답하고 화가 날 때 감정조절하기 위해 피아노를 배우며 강아지 인형 두 마리를 안고 잔다.

즉, 북한이탈여성의 체험은 북에 두고 온 자녀에 대한 그리움과 고통은 식음전폐, 불면증, 부부싸움, 질병 등으로 전환되어 현실몰입이 힘들며, 치솟는 화병을 음악으로 달래며 감정을 조절하는 과정이다.

북한이탈여성 3의 체험 내용은 다음과 같다.

중국으로 팔려온 여자들은 얼굴도 이상하게 변해요. 올 때는 예뻤는데 점점 일그러지게 되고…… 도망가야 또 잡히니까 처음에는 엄두를 못 내요. 사람이 처음에 함정에 빠졌을 때는 빠져나오려고 안간힘을 쓰게 되는데, 어느 순간 그게 소용없구나 알게 되면 그냥 포기하게 되거든요. 부녀주임이 내가 북한여자라고 고발해 버렸어요. 그래서 북송됐어요. 사람이 국적이 없으니까 사는 게 늘 위태롭고…… 억울해도 말할 곳이 없어…… 그렇게 북송돼서 수용소 생활을 했어요. 각목을 다리 사이에 껴 놓고 허벅지고 뭐고 가리지 않고 때리는데…… 그때 이가 부러졌어요. 온몸이 퉁퉁 붓도록 맞았는데…… 혼자서 걸을 수도 없어요. 죽기 바로 직전까지 맞았어요……. 조사받고 호실로 들어가기 전에 여자들도 팬티에 브라자까지 다 벗겨요. 그런데 남자 교도관이 들어와서 그렇게 하거든요. 그러면서 젖가슴도 주무르고 음부에 숨긴 건 없는지 손가락 넣어서 속까지 다 찔러봐요. 그거보다 더 나가기도 해요. 방 안에 있는 여자들이 내 머리채를 휘어잡고…… 그렇게 방사람들끼리 서로 괴롭히고 몰매주고 싸우고 그렇게 지냈어요. 산다는 게 목숨만 달렸지 사는 게 아니었어요. 북한에서도 중국에서도 내 인생은 더 이상 없는 거였으니까……. 그래서 한국엘 가야겠다는 생각을 하게 된 거예요. 목숨만 달렸지 내가 없는 거야. 중국 남자하고 살면서 2년 만에 아들을 하나 낳았어요. 중국 남자하고 산다고 해서 중국에 내 호적을 만들 수 있는 게 아니니까…… 자식도 법적으로는 사생아인 거예요. 중국에서는 내 자리만 없는 게 아니라 자식 자리도 없는 거지요. 중국에 있는 아이 생각나니까…… 밤에는 잠이 안 와서 눈만 땡글땡글 굴리게 돼요. 새벽 3~4시까지 잠이 안 와요. 일이 없으면 낮에도 거의 누워 있었어요……. 아무것도 하고 싶지 않고 하루 종일 가만히 있게 돼요. 사람들한테 전화와도 받고 싶지 않아서 일부러 안 받았어요. 한국에서 살아보니까…….

엄마가 너무나 힘들어지니까 나한테 중국에 잘사는 남자한테 시집

가라고 자꾸 강요를 해서…… 결국 내가 중국남자한테 시집가기로 결심하고 북한 농촌에서 중국 가는 여자를 모집하는 데 지원을 해서 중국으로 가게 된 거에요. 시집 안 가면 중국에 거처가 없으니까 중국 공안에 잡혀서 그대로 북송되는 건 당연하지요. 남자는 소를 팔아서 나를 데려왔다고 하더라고요. 마음고생을 했는데…… 그 심정은 알아주지도 않고…… 북송되어 수용소생활 마치고 친정집에서 거의 20일 만에 몸을 좀 추스르게 되니까 엄마가 내가 있을 곳은 중국이니까 다시 중국으로 가라는 거예요. 이번엔 오빠를 데리고 가라고…… 중국에 와서 오빠가 집밖을 나가서 2~3일에 한 번씩 찾아와서는 중국남편한테 돈 받아 가고 그랬어요. 남편한테 정말 미안해지는 거예요. 오빠까지 와서 살기 힘들게 만들었다고 옆집 사는 중국 시어머니가 찾아와서 나를 깨물고 때려주고 그랬어요. 남편도 처음에는 말려주고 그러더니 나중에는 같이 때리는 거예요. 도저히 살 수가 없었어요. 야밤에 몰래 도망쳐 나오기는 했는데 갈 곳이 없는 거예요. 빈집에 숨어서 잤는데…… 누가 들어올까 봐 신발을 꼭 신고 잤어요. 한국에 더 가야 했어요. 차라리 한국 가다가 죽는 게 다 낫다는 생각이 드는 거예요. 한국에 들어오기 전 까지는 내가 살지 죽을지 모르니까…… 자식이고 뭐고 생각할 수도 없었는데…… 하나원부터는 긴장이 풀려 그런지…… 아침 작업하기 전에 국기에 대한 경례를 하는데…… 갑작이 눈물이 주르르 나오는 거야……. 한국에 온 거는 좋은데……. 중국에 두고 온 아이가 생각나서…… 살면서 애를 데려올 수 있을까 그런 생각이 스치고…….

북한에서 중국으로 갈 땐 내 가족들 위해서 간 건데 삶에 끈을 놓지 말자. 오히려 그걸 디딤돌로 삼자…… 그런 식으로 내 정신적 각오를 새롭게 하려고 했어요. 과거에 빠져 있으면 더 힘들어져요. 자꾸 그러면 현재가 안 보여. 중요한 건 현재거든. 그래서 내가 과거에서 뺄 건 빼기로 했어요. 한국에 오려고 그렇게 힘들게 살았구나. 과거에 내가 그렇게 고생했던 게 오히려 힘이 돼요.

북한이탈여성 3의 체험을 축약하면 다음과 같다.

* 중국으로 팔려온 북한 여자는 함정에 빠져 안간힘을 써도 소용이 없어 포기하게 되며, 위태롭고 억울하지만 국적이 없어 북송되어 수용소 생활에서 죽기 직전까지 온몸을 얻어맞으며 옷을 다 벗기고 온갖 괴롭힘을 당하니 중국에서도 목숨만 달렸지 사는 게 아닌 인생이기에 한국에 갈 결심을 하게 되었다. 중국에 두고 온 아이생각에 밤에는 잠을 잘 수가 없고 낮에는 거의 누워 있으면서 아무것도 할 수 없게 되었다.
* 가족이 너무나 살기 힘들어지니 중국 남자에게 시집가게 되어 마음고생을 많이 하였으나 가족들은 그 심정을 알아주지 않고 형제까지 중국으로 데리고 가야 했으니 남편과 시어머니가 구타하여 살 수가 없어 야밤에 탈출하였다. 살지 죽을지 모르는 상황에서는 자식 생각이 나지 않았으나 하나원에서 생활하니 중국에 두고 온 아이를 데리고 오고 싶어진다.
* 북한가족을 위해 중국으로 갔으나 중국에서도 살 수가 없어 한국에 오기로 결심한 것이니 정신적 각오를 새롭게 하고 과거의 고생을 디딤돌 삼아 힘으로 여긴다.

즉, 북한이탈여성의 체험은 중국으로 팔려와 불법체류자로 살다가 북송되어 고문을 당해 살기 위해 한국에 왔으나 중국에 두고 온 자녀 생각에 고통스럽고 무기력해졌고, 북한과 중국에서 고통스러웠던 가족관계로부터 탈출하여 한국에 왔으나 중국에 두고 온 자녀를 찾고 싶으며 해체된 가족을 통합하기 위한 바람으로 견디어 온 고통들을 삶의 에너지로 전환시키는 과정이다.

북한이탈주민의 남한입국 이전 과정에서의 심리적 외상 체험에 대한 발견적 해석의 결과는 다음과 같다. 1) 비참한 사회와 가족해체, 2) 탈북과정에서의 충격, 3) 생존자로서의 고통, 4) 극복을 향한 성장과 삶의 방향 전환이라는 네 개의 핵심개념으로 추출되었다. 네 개의 핵심개념은 '북한이탈주민의 남한입국 전 심리적 고통 체험은 비참한 사회와 가족해체로 탈북과정에서의 충격과 생존자로서의 고통을 느끼나 극복을 향한 성장과 삶의 방향을 전환시키는 체험의 과정이다'라는 하나의 구조로 나타났다.

추출된 구조를 생생한 경험의 구조로 전환시키면 '북한이탈주민의 남한입국 전 심리적 고통 체험은 잊고 싶은 과거와 몰입하기 힘든 현실로 인한 고통을 반추하면서 심리사회적 위기를 긍정적으로 전환 시도하는 과정이다'로 정리되었다. 위의 발견적 해석의 결과인 네 개의 핵심 개념을 구조적으로 전환시켜 개념적으로 통합시키면 다음과 같이 정리될 수 있다.

첫째, 참여자들이 체험한 남한입국 이전 심리적 고통은 북한과 중국에서의 굶주림, 질병, 아사, 인신매매, 고문, 수용소 생활 등 전쟁과 같이 비참했던 사회 체제와 그로 인해 초래된 가족해체라는 가치화를 드러내었다. 인간에게 있어서 굶주림은 심리적으로도 해결할 수 없는 비참한 고통이었으며 가족의 아사와 질병노출이라는 극도의 상황에서 참여자들은 더 이상 가족 간의 돌봄을 기대할 수 없었다. 젊은 여성 참여자의 경우에는 북한 가족의 생계 책임을 떠맡게 되어 불법체류자로서 국경이동을 통해 중국인과의 사실혼 관계를 형성할 수밖에 없었던 고통을 나타내었다.

둘째, 일반적으로 북한이탈주민들과 같은 난민들에게 가장 충격이 심하고 다양한 사건이 발생하는 시기는 탈출 이전과 탈출과정 기간이라 할 수 있다(Kim, 2009; Hong, 2004; Jeon, 2007). 북한이탈주민도 북한에서 생활하면서 겪었던 굶주림, 구타, 고문, 강제노역 등과 같은 다양한 육체적 외상뿐 아니라, 감금, 감시, 세뇌, 공개처형 목격 등과 같은 정치 사상적 외상, 가족의 죽음 목격 및 이별 등과 같은 가족과 연관된 외상을 경험하게 된다. 구체적으로 언급하자면, 식량부족으로 인한 극심한 굶주림 경험, 가족 및 친인척 등의 아사 목격, 안전원으로부터의 구타와 고문, 자신이나 가족 및 친인척이 정치적 과오로 인해 사상성을 의심 받아 처벌됨, 사상 투쟁의 대상이 된 경험, 출신성분으로 인한 고통, 정치범수용소나 교화소 생활, 공개처형 목격 및 타인의 고문 목격, 가족이 파라티프스 및 폐결핵 등으로 죽어가는 과정에서 병 치료에 도움을 줄 수 없었던 경험 등이 제시되었다. 나아가 북한이탈주민이 탈출을 결심하게 되면 탈북 준비 기간을 갖게 되는데, 이 또한 발각위험과 가족에게도 털어놓을 수 없는 심적 고통 등을 경험하게 된다. 탈북과정에서는 음식물과 식수 부족으로 생명의 위협을 느꼈던 경험, 국경 북한경비병 또는 중국경비대의 검열로 긴장 또는 체포된 경험, 가족과의 어쩔 수 없는 이별, 생존을 위해 불가피 하게 타인의 물건을 훔쳐 달아난 경험, 성폭력 피해, 제3국의 낯선 언어, 낯선 얼굴, 낯선 땅에 처음 대했을 때, 한국대사관이나 영사관에 망명 요청이 거부되었을 때, 사격을 받아 생명의 위협을 당한 경험 등이 심리적 고통 체험으로 나타나고 있다. 본 연구 참여자들 역시 북한 내에서 그리고 탈북과정에서 체험했던 충격적 사건들에 대한 상상화는 남한입국 이후에도 지속적으로 부정적인 영향을 미치게 된다는 점을 파악할 수 있겠다.

셋째, 남한에 입국한 북한이탈주민은 충격적인 고통 속에서도 생존한 대상자들이라고 할 수 있다. 이들은 진심으로 잊고 싶고 단절하고 싶은 과거로 인해 현실에서 외상 후 스트레스와 연계되는 체험을 하게 된다. 원치 않는 기억들이 침습하여 현실 몰입에 어려움을 호소하고 있었다. 그러나 참여자들은 가족통합추구를 통해서, 심리적으로 안전한 곳을 찾음으로 해서, 반추를 통해 외상의 심리적 충격을 조절하려는 시도를 함으로써 고통스러웠던 과거와 분리하고 자신에게 도움이 되는 현실과 연계되고자하였다.

넷째, 외상 후 스트레스의 고통으로 참여자들은 남한입국 이후 다양한 심리사회적 위기를 경험하고 있었다. 그러나 그들은 과거의 심리적 외상 체험을 남한 생활에서의 어려움을 극복하고자 심리적 성숙과 개인의 성장 에너지로서의 긍정적인 대처의 힘으로 변형시켜 나아갔다. 위기를 경험하는 개인들이 근본적인 가치와 신념에 도전을 받게 되고, 역할에서의 변화를 겪게 되면서 대부분 부정적인 결과를 경험하게 되지만, 이러한 고통과 마주치면서 연계되는 과정을 통해 폭넓은 관점, 새로운 대처 기술, 그리고 개인적·사회적 자원의 개발을 향상시키게 된다는 점(Tedeschi & Calhoun, 1995)을 확인할 수 있게 되었다.

북한이탈주민의 남한입국 이전 심리적 외상 체험의 통합된 구조는 익명의 북한이탈주민이 직접 쓴 시 <귀순 후유증>과 <지금이 행복하다>라는 일부 표현을 통해 변형되어진다(Anonymous North Korean refugee, 2003; Han, 2006).

제목: 귀순 후유증

의사선생님은/나를 응시하며 물었습니다.
밤마다 잠을 제대로 못 이루고/때때로/숨이 꽉 막히면서/혈압이 떨어지냐구요./나는 머리를 끄떡이며/그 고통을 호소했습니다./그러자/의사선생님의 진단은/귀순 후유증이라는 겁니다./ 더구나 어떤 명의도/이 병을 고칠 처방을/내릴 수 없다는 겁니다./ 그 처방은 오직 통일뿐이라며……/북한에도 이런 환자가 많겠지요./ 어린 두 딸 애들을 데리고/한 많은 세월을 살아가는/당신을 비롯해서 말입니다.
(Anonymous North Korean refugee, 2003)

제목: 지금이 행복하다

몇 백번의 삶과 죽음 엇바뀐 삶이기에/더욱더 소중하게 느껴지는 아침!

나는 외롭지 않다/그래서 늘 이렇게 소리를 지른다. “자유여”
오늘도 나는 세상을 만끽한다. “아, 행복한 내일이여”
(Han, 2006)

시에서 밤마다 잠을 제대로 못 이루고/때때로/숨이 꽉 막히면서/혈압이 떨어지는 증상은 외상을 경험한 북한이탈주민의 증상으로 표현되고 있다. 더욱 불행한 것은 남북한 통일이라는 처방만이 북한이탈주민의 외상 후 스트레스를 완화시킬 수 있을 뿐 어떤 명의도 이 병을 고칠 처방이 없다는 것으로 외상 후 스트레스 체험을 가치화하고 있다. 외상 후 스트레스 증상은 남한으로 입국한 북한이탈주민뿐만 아니라 북한에 남겨진 그들의 가족도 겪게 된다는 점이다. 가족 구성원이 남한으로 탈출했을 경우 북에 남은 가족은 출신성분이 나쁘다는 이유로 사회의 낙오자가 되어 미래가 없는 고통스런 삶을 살게 된다. 시인은 그러한 이유를 알기에 두고 온 어린 두 딸애를 데리고 한많은 세월을 살아가는 자신의 배우자를 상상하며 1958년 남북한 분단이 통합이라는 연계를 이루게 되길 바랐다. 또 다른 시에서 몇 백번의 삶과 죽음이 엇바뀐 삶이었기에 살아 있는 오늘의 일상이 소중하며 자유로워 내일도 행복하다는 남한에서의 삶의 변형성을 표현하고 있다.

북한이탈여성이 체험한 정신적·심리적 고통이란 북한이탈주민이 체험한 ‘보이지 않는 상처’로 이주과정 또는 이주 이전 과정에서 겪었던 극심한 위협이나 충격을 의미한다. 1994년 김일성 사망 이후 홍수로 인해 북한 주류 식량의 80%에 해당하는 옥수수작물이 망가지면서 북한의 식량 경제난이 심각해졌다. 극심한 굶주림으로 인해 공안들의 감시와 죽음의 위협에도 불구하고 북한을 벗어나려는 이주민의 수는 급격하게 증가하였다. 북한이탈주민들은 생존의 위협과 동시에 정치적인 위협을 동시에 겪었지만 인권적 측면에서 남한에 입국하기 전에는 어느 국가로부터도 아무런 보호를 제공받지 못하였다. 1999년 중국에서 실행된 북한이탈주민 정신건강 조사에 의하면, 93%의 북한이탈주민들이 식량과 물의 부족을 경험하고 있었고 89%의 북한이탈주민들이 진료를 받지 못한 상태에서 질병을 앓고 있었다. 90%가 불안을, 81%가 우울증상을 호소하였다. 또한 외상 후 스트레스로 이행할 확률이 56%라고 보고하였다(Kim, Kim, Ahn, & Yoo, 2006).

일반적으로 난민이주자들의 전형적인 경험은 자국으로부터 탈출하여 새로운 정착지로 이주하기 이전(pre-migration)까지의 경험이 이주 이후 삶에 영향을 미쳐 흔히 심리·정서적 고통 및 외상 후 스트레스 증상을 나타낸다고 제시되고 있다(Herman, 1997; Schweitzer, Melville, Steel & Lacherez, 2006; Watters, 2001). 난민이주자들의 이주 이전에 따른 일반적인 경험으로는 고문, 강제노동, 굶주림, 감시와 잔혹한 폭력행위 그리고 가족과의 이별 및 죽음 목격, 전쟁, 성폭행, 집단수용소 생활, 생명을 위해하는 질병에 걸림, 수용소에서의 영양실조, 신체적 상해 및 대량학살, 인질이 됨, 군사전쟁, 세뇌, 고문, 기근 및 불법이주 생활로 인한 희생의 위험 등을 포함한다. 이러한 난민이주자로서의 현상들은 본 연구 참여자들의 심리적 외상 체험에서 나타난 바와 일맥상통한다고 볼 수 있다. 난민이주자들의 경우 이주 이후에는 이주 이전에 경험하였던 심리적 외상 경험의 후유증과 더불어 새로운 사회문화에 적응하는 과정에서 경험하게 되는 심리적 고통이 연합되어, 우울이나 불안, 무기력감, 외상 후 스트레스 반응, 약물남용 및 자살생각 등을 노출시켜 정신건강을 위태롭게 한다는 사실은 이미 많은 문헌을 통해 밝혀졌다(Keys & Kane, 2004; Watters, 2001).

난민들이 경험한 충격적인 고통 경험의 증상 결과는 신체적 각성을 포함한 행동적 영역, 정신적 영역, 정서적 영역에서 심층적이며 지속적인 변화를 생산하게 된다. 신체적 각성 영역에서는 불면, 신체화 증상, 쉽게 피곤함, 안절부절 못함, 그리고 과도한 경계 등을 나타내면서 행동적으로는 쉽게 놀라거나, 작은 자극에도 불안정하게 반응하며, 폭발적인 공격적 행동, 특정 장소나 상황을 회피함, 대인관계 철회 등으로 이어진다. 정서적 영역에서는 일반화된 불안 증상과 구체적인 공포 등이 연합되면서 안전과 보호된 삶 속에서도 부적응적인 반응을 보이게 되며, 우울, 상실에 대한 슬픔, 분노, 무감정, 생존자 죄책감, 신뢰의 상실, 자존감 상실, 무기력감, 타인과 정서적 철회, 과도하거나 극단적인 감정 그리고 만성적인 공허감 등을 나타낸다. 마지막으로 정신적 영역에서는 두려운 사건들은 과거임에도 불구하고 마치 그 일이 현재에도 지속적으로 발현되는 것처럼 그 사건을 재체험한다는 것이다. 따라서 원치 않는 과거 기억의 반복적 침습으로 인해 현재의 일상적인 과정을 시작하는 데 장애를 초래하게 된다. 또한 집중곤란과 기억력 약화, 사격을 받거나 추적당하는 등의 악몽, 그리고 전체 맥락에 따른 기억을 이야기하기보다는 맥락 없이 파편화된 이미지 또는 감정에 초점을 맞추어 각인된 부분만 세밀하게 묘사하게 되며, 경우에 따라서 자신과 분리된 해리를 동반하기도 함으로써 마치 현실과는 분리된 것처럼 느끼거나 행동하는 것으로 보이게 된다(Herman, 1997).

본 연구 참여자들의 경우에도 북한에서의 수용소생활이나 고문경험, 총탄이 날아오는 국경탈출과정, 예상치 않았던 가족해체 등으로 인한 심리적 후유증은 현실 몰입에 장애를 초래하는 요인임을 알 수 있었다. 이렇게 외상 사건의 경험 또는 극단적인 심리적 고통이란 갑작스럽고 기대하지 않았던 충격적 사건의 결과이며, 예상 하였다 할지라도 당시 비극적인 삶의 환경은 개인의 통제에서 벗어난 것으로써 일상적인 수준을 넘는 것이기에 만성적인 문제를 발생시키기도 하고 역행할 수 없는 부정적인 결과를 초래시킬 수 있다. 이렇게 개인 통제에서 벗어나 역행시킬 수 없는 변화들은 직접적이고 교정적인 조치를 거의 취할 수 없게 만드는 경향이 있다. 또한 개인의 삶 속에서 무기력함, 우울, 불안, 물질중독, 자살충동, 신체화 증상 및 자아기능의 손상 등을 일으키게 하면서, 개인의 불행에 대해 다른 사람을 비난하게 되기도 한다. 하지만, 그로 인한 충격의 정도는 외상 사건을 경험한 개인의 발달 단계에 따라서 달라진다는 특성이 있는 것으로 제시되었다(Calhoun & Tedesch, 1999). 그러나 일반적으로 난민의 외상 경험은 미래의 스트레스원에 대해서 개인의 취약성을 증가시킴으로써 지속적이며 간접적인 영향을 주게 된다(Rho & Won, 2009). 난민이주자 연구에서 나타나는 공통적인 특성을 살펴보면, 가족과 관련된 외상의 경우 외상 후 스트레스 수준이 더 높다는 것(Hong, 2004; Schweitzer et al., 2006)이다.

본 연구 참여자들의 내러티브를 통해서 볼 때 자녀를 북한이나 중국에 두고 온 대상자들의 심리적 고통이라고 할 수 있는 외상 후 스트레스의 현상은 극도의 수준임을 알 수 있었다. 나아가 난민의 외상 경험은 단일 사건이 아니라 상호 연계된 일반적으로 누적된 경향이 있다는 특성으로 인해 깊은 슬픔과 관련된 증상, 삶에 대한 의미 상실과 같은 실존적 의미의 위기, 정체성 상실 및 임파워먼트에 대한 인식에 대한 의심 등과 같이 정신건강에 더욱 부정적인 영향을 미친다고 한다(Schweitzer et al., 2006). Tedeschi와 Calhoun(1995)은 심리적 충격이라 할 수 있는 외상의 일상적 초기 반응을 정서, 인지, 행동적 측면으로 구분하고 있다. 정서적으로는 다룰 수 없는 심리적 고통을 경험하게 되며, 인지적으로는 포괄적이지 않은 스키마를 형성하게 되며 행동적으로는 일차 통제 실패로 불안정하거나 외부인들은 이해할 수 없는 행동을 나타내기도 한다고 설명하고 있다.

〈영화 크로싱, 2008: 김태균 감독〉[13)]

13) 배경은 2007년 북한 함경도 탄광마을의 세 가족 아버지 용수, 어머니 용화 그리고 11살 아들 준이는 넉넉하지 못한 삶이지만 함께 있어 행복하다. 어느 날, 엄마가 과로와 굶주림으로 쓰러지고 폐결핵에 걸리게 되나 간단한 감기약조차 구할 수 없는 북한의 형편에 아버지 용수는 중국행을 결심한다. 생사를 넘나드는 고비 끝에 중국에 도착한 용수는 벌목장에서 일을 하며 돈을 모으지만 불법체류자인 탈북인 신세라 중국 공안에 쫓기는 신세가 된다. 용수는 우여곡절 끝에 한국에 들어오게 되고 용수가 떠난 뒤 2달이 지나자 용화의 병세는 악화되어 세상을 떠난다. 홀로 남겨진 준이는 꽃제비 수용소에 들어갔으나 용수가 보낸 브로커를 통해 출소되어 한국을 향해 무작정 아버지를 찾아 나선다. 한국에 도착한 용수는 브로커를 통해 준이의 행방을 알게 되고 헤어졌던 준이와 만남을 준비하는데 아들에게 줄 비타민 알약 포장을 모두 뜯어 봉지에 넣어 둔 것이 검열 시 마약으로 오인되어 제3국으로 출국하지 못하게 된다. 아들은 아버지를 기다리며 홀로 사막을 건너면서 밤의 추위와 낮의 불볕을 못 이겨 죽음에 이르게 되고 용수는 안타까운 고통의 심정을 억누르며 결국 아들의 시체를 맞이하게 되는 비극적인 결말을 맺는다.

남한사람들은 북한이탈주민들의 남한입국 이전의 심층적인 체험의 영향을 감히 선험적으로 파악할 수 없기에 남한사람들은 북한이탈주민들과의 관계에서 설명되어지지 않은 갑작스런 짜증, 분노, 우울, 신경질적 반응, 고집스러움, 과도한 의심과 경계 등의 반응에 대해 이해하기 힘든 것이 사실이다. 특히 초기 남한입국자들의 경우 남한의 이국적 분위기로 인한 문화적응스트레스는 외상 후 스트레스와 중첩되어 심리적 후유증을 가중시킬 수 있다는 점을 인식할 필요가 있겠다. 본 연구 참여자들의 내러티브를 바탕으로 좀 더 구체적으로 설명하자면 북한이탈주민은 삶과 죽음을 넘나들었던 심리적 외상 체험으로 인하여 인지적으로 현실에 몰입할 수 없는 침투적 사고를 나타냈다. 극단적인 긴장 속에서 소모된 정서적 에너지는 분노, 우울, 짜증, 무기력감, 악에 치받침, 응어리진 한과 같은 돌아오기 힘든 평상심을 나타내고 있었다. 심리적 에너지의 재충전을 위해 안전한 곳에서 쉬고 싶다는 욕구로 행동적으로 대인관계에 거리를 둠으로써 자신을 지키고 싶어 했다. 이러한 현상은 속고 속였던 탈북과정에서의 외상 체험으로 타인을 믿을 수 없다는 의심을 나타내는 것으로 이는 생존을 위한 과정에서 효과적인 기제로 작용할 수도 있을 것이다.

북한이탈주민의 심리적 고통 체험은 개인의 존재감을 상실하게 하고 자아의 지속성을 좌절시키기 때문에 외부환경과의 관계를 지속하거나 유지하는 데 어려움을 초래시킨다는 점을 확인할 수 있었다. 그러나 문제 해결을 위한 인식을 확장시킴으로써 심리적 고통의 충격을 완화시키는 것은 가능하다. 외상 사건에서의 생존은 성장의 변화와 부정적 측면이 동시에 고려될 수 있는데 회복과 성장으로 이어진다고 해도 심리·정서적 고통은 스스로 다루어가는 긍정적 대처 기제와 사회적 유대감을 통한 지지로 일정 기간의 시간이 경과되어야 감소될 것이다. 연구 참여자들이 심리적 고통과 관련된 정서를 충분히 다룰 수 있게 되면서 자신의 고통 경험을 이야기할 수 있게 된다. 북한이탈주민의 심리적 고통 후유증의 회복을 돕기 위해서 정신건강전문가는 생존자로서 북한이탈주민이 인식한 자신, 자신의 가치, 그리고 자신의 삶의 목표에 대해 강력한 영향력을 줄 수 있어야 하며 고통 속에서도 혜택을 인식할 수 있는 개인적 경향성을 개발토록 도와주어야 할 것이다. 이렇게 부정적인 사건으로부터 발생된 성장에 대한 인식은 대상자의 자존감을 유지시키고, 통제감을 향상시키며, 절망이 현재를 위협하고 아직도 취약함 속에 있다고 해도 희망을 유지할 수 있도록 대상자를 도울 수 있어야 할 것이다(Tedeschi & Calhoun, 1995).

〈Oumar Faye "The Hopeless", 절망〉[14]

14) 난민이주자들의 심리적 절망감, 희망이 없는 상태를 표현하고 있다.

〈El Hadji Babacar Mbaye, "Hope and Success(희망과 성공)"〉[15]

또한 정신건강전문가로서 외상 후 스트레스의 가장 효과적인 치료 방법은 '노출요법(exposure therapy)'이라 할 수 있다. 인지행동적인 관점에서 외상 사건에 대해 직면하고 적극적인 재 경험을 통해 인지적 재구성을 얻어내는 것이 가장 중요한 치료적 과정이라고 제시되고 있다. 이때 마치 당시 상황의 목격자가 된 것처럼 관련된 상황을 가능한 자세히 묘사할 것을 권장하고 있다. 치료자는 물론 북한이탈주민과 충분한 라포를 형성한 이후 지지적인 상담과정에서 제한적이고 수동적인 방법으로 심리적 외상의 문제를 다루어야 한다고 강조되고 있다. 북한이탈주민의 내면의 인격적인 변화를 이끌어내는 것이 상담치료의 필수적인 목표가 아니기 때문에 그들이 드러내고 싶어 하지 않거나 자발적으로 이야기를 하지 않는 내용에 대해 일부러 과거의

15) 난민이주자들이 위험한 자국을 벗어나 성공의 희망을 갖고 새로운 이주국을 향해 항해하는 모습이다.

고통스런 체험을 폭로하게 하는 방법은 적절하지 못한 것으로 나타났다. 어떤 방법이 적합할지는 북한이탈주민 개개인의 정서적・심리적 상태를 파악하면서 상담 치료가 이루어지는 상황에 따라 다르게 결정되어야 할 것이다.

본 연구에서는 북한이탈여성을 대상으로 남한입국 이전에 경험한 심리적 고통 체험이 남한입국 이후 어떠한 영향을 미치는지를 질적 조사를 통해 파악해 보았다. 따라서 그들이 남한에 입국하기 전에 체험했던 심리적 고통이 입국 이후 인지적－정서적－행동적으로 어떠한 영향을 미치는지에 초점을 두었다. 북한이탈주민들은 남한입국 이후에도 수년간 불면, 악몽, 무기력감, 의지와 관계없는 외상 체험의 침투적 사고, 우울, 짜증, 분노, 현실 몰입의 어려움 등과 같은 외상 후 스트레스의 주요 증상들로 고통을 받고 있었다. 정신건강전문가들은 북한이탈주민의 심리적 고통 체험으로 인한 인지적, 정서적, 행동적 특성을 '환경 속의 인간'이라는 존재론적 측면에서 이해해야 할 것이다. 또한 북한이탈주민을 난민이주자의 관점으로 이해하면서 심리적 고통의 후유증 회복을 위한 치료적 개입이 요구된다. 우선 정치적으로나 역사적으로나 북한이탈주민은 국내 결혼이주여성과는 특성상 상당한 차이가 있다. 우선 자국의 생존의 위협으로 국경을 넘어 타국으로 갈 수밖에 없는 난민이주자라는 점에서 일반이주자와는 차별화될 수 있다. 따라서 북한이탈주민 정신건강 전문가는 외상 후 스트레스 장애 증상의 의미를 이해하고 이를 다룰 수 있는 전문적 지식이 있어야 한다. 외상 후 스트레스 증상은 남한입국 이후 3년 정도 경과하면서 일상에 영향을 미치지 않게 되나, 가족의 북한 탈출, 중국이나 제3국에 있는 가족의 북한 송환, 데려올 수 없었던 자녀, 경제적 어려움, 사기, 문화적응스트레스, 인간관계의 배신 등 개인이 다루기 힘든 고통스런 사건들이 발생할 때 재발되기도 한다는 점을 인식할 필요가 있다. 북한이탈주민의 남한입국 이전의 심리적 고통은 입국 이후 문화적응스트레스와 중첩되면서 더 가중된다는 연구결과(Jeon, 2007)를 염두에 둘 때, 그 가중치의 수준을 참여자의 내러티브에 담지 못하였다는 점을 본 연구의 한계로 지적하고자 한다. 끝으로 남한사회문화권에서 북한이탈주민의 심리적 고통을 치유해 줄 수 있는 실천적인 치료적 요인에 대한 지속적인 연구의 필요성을 강조하고자 한다.

참고문헌

국가인권위원회. (2010). 「인권위, 탈북 여성 인권상황 실태조사 발표: 북한, 제3국, 국내 정착 과정에서의 인권침해 사례」. 정책교육국 인권정책과.

김현경. (2007). 「난민으로서의 새터민의 외상(trauma)회복 경험에 대한 현상학 연구」. 이화여자대학교 박사논문.

김현경. (2009). 『현상학으로 바라본 새터민 탈북이주자의 심리적 충격과 회복 경험』. 한국학술정보(주).

김현경. (2010). 「북한이탈주민의 고문으로 인한 외상 후 충격에 영향을 미치는 요인」. 한국사회복지연구회, 41(3), 81－106.

김현아 · 전명남. (2003). 「MMPI에 나타난 북한이탈주민의 개인차 특성」, 통일연구, 7(2), 129－160.

강성록. (2000). 「탈북자들의 외상척도 개발 연구」. 연세대 석사학위 논문.

강차연. (2004). 「재중탈북여성들의 생활실태」. 여성연구, 19, 59－78.

북한인권시민연합, http://www.nkhumanrights.or.kr/

정병호 · 전우택 · 정진경. (2006). 「웰컴투코리아: 북조선사람들의 남한살이」. 한양대학교 출판부.

진미정 · 이순형 · 김창대. (2009). 탈북인의 사회관계망과 사회적 자본. 서울: 학지사.

진미정. (2007). 「탈북여성의 발달과 적응」. 『한국인간발달학회 창립 20주년 기념 추계 학술심포지엄 자료집』.

한인영. (2001). 「북한이탈주민의 우울성향에 관한 연구」. 『정신보건과 사회사업』, 11(6), 78－94.

탈북자 동지회, http://www.nkd.or.kr/.

통계청. (2011). 『북한이탈주민 입국통계』.

Anonymous North Korean refugee. (2003). Naked confession of poetry. Seoul: living books.

Arnohff, F. N.(1975). Social consequences of policy towards mental illness. Science. 188,

1277 – 1281.

Calhoun, L. G., & Tedeschi, R. G. (1999). Facilitating posttraumatic growth. New Jersey: Lawrence Erlbaum Associates, Publishers.

Ekblad, S., Prochazka, H, & Roth, G.(2002). Psychological impact of torture : a 3-month follow-up of mass-evacuated Kosovan adults in Sweden. Lessons learnt for prevention, Acta Psychiatry Scand, 412, 30 – 36.

Grinberg, L. & Grinberg, R.(1989). Psychoanalytic perspectives on migration and exile. New Heaven, CT: Yale University Press.

Herman, J. L. (1997). Trauma and recovery. New York: Basic Books.

Han, E. H. (2006). Now I am happy. Retrieved March 10, 2006, from http://www.nkd.or.kr/.

Hong. C. Y. (2004). The 3 years follow up study of post-traumatic stress disorder of North Korean defectors. Unpublished master's thesis, Yonsei University, Seoul.

Jeon, W. T.(2007). Unification of people and unification of nation. Seoul: Yonsei University Press.

Keyes, E. F., & Kane, C. F., (2004). Belonging and adapting: Mental health of Bosnian refugees living in the United States. Issues in Mental Health Nursing. 25, 809 – 831.

Kim, H. K.(2009). A psychological trauma and recovery among North Korean refugees. Kyounggi:KSI.

Kim, C. O., Kim, Y. H., Ahn, N. Y., & Yoo, S. E. (2006). Guide book for mental health of North Korean defectors. Seoul: Beautiful Life.

Kim, H. K., & Lee, O. J. (2009). A phenomenological study on the experience of North Korean refugees. Nursing Science Quarterly. 22(1), 85 – 88.

Lee, O. J., & Kim, H. K. (2007). Lived experience of considering tomorrow among North Korean Refugees. Journal of Korean Academy of Nursing. 37(7), 1212 – 1222.

Marlin, O.(1997). Feeling toward the new and yearning for th old. In P. H. Elovits & C. Kahn(Eds.), Immigrant Experiences. Personal Narrative and Psychological Analysis, Cranbury, NJ: Associated University Press, 241 – 254.

Rho, I. S., & Won, J. S. (2009). The relations of depression, anxiety, post-traumatic stress, self-esteem, and social adjustment among North Korean refugees. Korean Academy of Psychiatric and Mental Health Nursing. 18(1), 69 – 77.

Robertson, C. L., Halcon, L., Savik, K., Johnson, D., Spring, M., Butcher, J., Westermeyer, J. & Jaranson, J.(2006). Somali and Oromo refugee women: trauma and associated factors. Issues and Innovation In Nursing Practice, 13, 577－587.

Schneller, D. P.(1981). The immigrants' challenge: mourning the loss of homeland and adapting to the new world. Smith College Studies in Social Work, 51(2), 95－125.

Schweitzer, R., Melville, F., Steel, Z., & Lacherez, P. (2006). Trauma, post-migration living difficulties, and social support as predictors of psychological adjustment in resettled Sudanese refugees. Australian and New Zealand Journal of Psychiatry. 40, 179－187.

Steel, Z., Silove, D., Phan, T. & Bauman, A.(2002). Long term effect fo psychological trauma on the mental health of Vietnamese refugees resettled in Australia: a population-based study, The Lancet, 360(5), 1056－1062.

Tedeschi, R., & Calhoun, L. (1995). Trauma & transformation: Growing in the aftermath of suffering. Thousand Oaks, CA: Sage.

Watters, C. (2001). Emerging paradigms in the mental health care of refugees. Social Science & Medicine. 52, 1709－1718.

제 5 장 힘겨운 시기를 견디어가는 청년기 거리노숙인

노숙은 개인에게 있어서 단순한 주거공간의 상실을 넘어 사회생활을 지속케 하는 안정된 기반을 상실하는 것을 의미한다. 개인적 차원에서 노숙은 건강, 식사와 영양에 심각한 해를 끼쳐 건강을 악화시키고 범죄노출, 자살 등에 이르게 한다. 사회적 차원에서 노숙은 공공시설의 무단점유, 폭력, 방화 등의 원인이 되기도 한다. 2009년 한국사회의 노숙인은 약 5천 명 이상으로 보고되고 있으나, 특정시점에서(point-in-time-counts) 숫자로 집계된 거리노숙인, 부랑인, 쉼터이용 노숙인을 제외한 통계수치로 잡히지 않는 노숙인(hidden homeless)을 포함하면 사실상 1만여 명에서 수십만에 이르는 것으로 추정되고 있다. 특히 길거리 노숙이 증가하는 추세이기에 거리에서 사망한 노숙인은 약 2천여 명에 이르고 있는 것으로 보고되고 있다(남기철, 2009).

우리 사회의 문제로서 '노숙'이란 용어가 주목받기 시작한 것은 1990년대 후반 경제위기로 인해 IMF의 도움을 받게 되면서부터이다. IMF위기는 기업의 구조조정, 명예퇴직, 정리해고 등을 이유로 40~50대에 직장을 잃게 된 실직 가장들로 하여금 거리를 방황하게 하였다

(김창기, 2007). 실직 가장들 중 평소 부부간 신뢰가 미약했던 경우 실직을 계기로 이혼과 가정해체의 위기를 맞기도 하였다(노혜련, 2000). 정부에서는 노숙인으로 전락한 실직가장들을 위해 쉼터를 지었으며 공공근로를 통한 대규모 일자리가 출현하게 되었다. 하지만 IMF 이후 10여 년이 경과한 오늘날 우리 사회의 노숙의 연령은 청년실업과 비정규직으로 인한 근로빈곤(Working Poor)으로 인해 점차 낮아지는 현상을 보이고 있다. 이러한 노숙의 저연령화는 노숙인상담보호센터(drop-in center)의 서울시인트라넷의 2006년~2008년 이용자 통계에서 확인된다. 이용자의 연령대를 살펴보면 20대가 5%, 30대는 24%, 40대는 39%, 50대는 24%, 60대는 8%로 나타났다. 즉, 20~30대의 인트라넷 활용이 총 29%에 해당한다는 점이다. 20~30대 노숙인 쉼터(Short-term Shelters, Mid to Long-term Shelters) 이용자가 1999년 IMF 당시 9.4%였으나 2008년 18.52%로 두 배가 넘게 증가한 것이다. 이는 1950년대 한국전쟁이라는 현대 역사적 사건 속에서 적절한 교육과 생활에 대한 접근성을 확보하지 못하고 아동・청소년기를 보낸 결과로 양산된 앵벌이나 넝마주의와는 완연한 차이를 나타내는 것이다(전홍규, 2006). 일본 역시 2008년 금융위기가 닥치면서 비정규직뿐 아니라 정규직 사원들의 급여가 낮아져 친구나 친척 집을 전전하는 이소로(식객)현상이 증가했다고 한다. 당시 파견계약 기간이 만료되지 않았는데 중도 해약된 젊은 근로자들이 직장을 잃고 회사 기숙사에서 쫓겨나 노숙인이 되는 등 사회문제로 대두된 바 있다(경향신문, 2010. 9. 6b).

우리 사회의 청년실업의 심각성은 2009년 12월 15~29세에 해당하는 청년의 10%(약 40만 명), 15~34세까지 확대하면 13.8%에 이르는 실업률로 알 수 있다. 15~34세 청년층의 약 43만 명 정도가 실업상태에 있는 것으로 추정되고 있다. 이들 중 직업훈련이나 교육조차 받지 않는 NEET(Not in Education, Employment, Training)는 2007년 39만 7천 명, 2008년에는 39만 9천 명으로 해마다 증가하는 추세이다. NEET족은 노동시장에 진입할 시기를 놓쳤거나 진입할 수 없는 요인들로 인해 경제활동을 단념한 인구층이라 할 수 있다(Statistics Korea, 2010). 설상가상으로 2007년 대구지역 거리 및 쉼터 노숙인 279명을 대상으로 실시한 실태조사 결과에 따르면 대학 이상의 학력 소지자가 10.5%를 차지하여 2004년 3%에 비해 크게 늘었다고 보고되고 있다(대구노숙인상담지원센터, 2007).

일반적으로 노숙인에 대한 사회적 이미지는 일할 의지가 없는 나태하고 게으른 사람으로 낙인찍혀 있거나 동정의 대상자가 되어 결국 연민피로(compassion fatigue)를 자아내기도 한다. 하지만 젊은 청년 노숙인에 대해서는 주변인의 이해의 여지보다는 혹독한 낙인이 더욱 앞서게 될 것으로 보인다. 그러나 한 개인이 노숙으로 전락하지 않기 위해 분투노력하는 기간이 최소 두 해는 소요된다고 한다. 정신장애를 가진 사람이 지역사회에서 적절한 도움을 받지 못해 노숙생활에 이르게 된 경우도 많지만 처음에는 정신건강에 문제가 없었던 사람도 노숙생활의 조건자체가 공통적인 정신적 외상(trauma)을 유발하는 요인이 된다. 나아가 대인예민성 지수 역시 비노숙인과 비교하여 10배 차이를 나타내는데 이는 노숙인의 스트레스 지수가 전쟁에 나가 있는 병사가 받는 스트레스 지수와 유사하다는 것으로 설명된다(남기철, 2001, 2007, 2008; SBS, 2008).

〈영화 솔로이스트(The Soloist), 2008: 조 라이트 감독〉[16]

16) 1970년 줄리어드 음대에 다니다 정신분열증세로 2학년 때 중퇴한 주인공은 클리브랜드 집으로 돌아가

다양한 사회문화적 요인들과 중첩되어 노숙의 저연령화[17]에도 불구하고 청년기 노숙인의 언어를 반영한 연구는 거의 드물다. 국내 노숙인 연구의 평균 연령은 모집단별 연구결과에 따라 다르겠지만 대개 44~50세이며 98%가 남성으로서 중장년층 노숙인을 중심으로 하고 있다(한국보건사회연구원, 1998; 임영인, 2009). 따라서 우리 사회의 젊은 청년층도 노숙인이 될 수 있다는 시대적 가능성을 염두에 둔 연구 결과는 없었다. 따라서 본 연구에서는 20대 청년들이 어떻게 거리노숙을 시작하게 되었는지 그 체험적 현상에 대한 의미와 구조를 밝히고자 한다. 본 연구의 목적은 노숙의 저연령화에 영향을 미치는 사회・문화적 맥락을 이해하면서 존재론적으로 거리 청년노숙인의 경험을 있는 그대로 존중하고 이해하려는 사회복지 휴먼서비스 전문가의 인식의 지평을 확장시켜 청년노숙인 클라이언트를 위한 신체적-정신적-사회경제적 차원에서의 서비스 개입 방안을 모색하고자 한다.

한국의 실정 법령에서 규정한 노숙인이란 '일정한 주거 없이 상당한 기간을 거리에서 생활하거나 그로 인해 노숙인 쉼터에 입수한 18세 이상의 자'를 말한다. 미국의 노숙인 옹호조직인 NCH(National Coaliation for Homeless)에서는 '정규적이고 고정된 적절한 주거시설이 없는' 특징을 기본적으로 강조하고 있다. 이는 전체적인 주거취약계층을 포괄

살다가 LA로와 홈리스생활을 하게 된다. 2005년 L.A.Times 기자를 만나 우정을 쌓게 되는 실화이다. 아래 사진은 실제인물 Nathaniel Ayers와 기자 Steve Lopez이다(Chosun.com, 2009. 5. 20. 영화사색 더 솔로이스트 중에서 발췌).

17) 최근 매체를 통해 보도된 10대 소녀노숙인의 폭행사망사건이 시사하듯 한국사회의 노숙연령은 이제 상당히 저연령화되었음을 알 수 있다(SBS, 2010. 8. 7.); 그것이 알고 싶다. 제764회 '아무도 믿어주지 않았다 -노숙소녀 살해사건의 진실' 2009년 서울시 주최 노숙인 저축왕 대회에서 24세 최OO 씨가 3년간의 노숙생활을 청산하고 쉼터에 입소하여 2등을 했다고 보도되었다(문화일보, 2009. 12. 29).

하고 있음을 알 수 있다(남기철, 2008). 하지만, 노숙인에 대한 정의는 국가마다 차이가 있다. 한국, 일본, 미국은 노숙인의 범위를 거리노숙인(street homeless)과 쉼터노숙인(sheltered homeless)으로 한정한다. 하지만 영국을 포함한 유럽 국가는 Rooflessness(어떠한 종류의 기거할 곳도 없는 상황), Houselessness(임시로 쉼터나 시설에서 기거할 수 있는 상황), Living in insecure housing(불안정한 임대나 퇴거, 가정폭력 등으로 위협받는 상황), Living in inadequate housing(불법적 야영지에서의 이동주택이나 부적절한 주거, 극단적 과밀주거 등에 사는 경우)의 범주를 노숙의 범주에 포함시키고 있다. 따라서 노숙인의 정의에 대한 사회적 합의는 본질적으로 경험적인 문제가 아니라 홈리스를 지원하고자 하는 해당 사회의 정치적 문제이기에 증거가 아니라 가치판단이 요구된다(남기철, 2008, 2010; 윤일성, 2005).

그렇다면 청년기 노숙인의 특성을 신체적-정신적-사회적 영역을 중심으로 살펴보도록 하겠다. 노숙생활로 인한 신체적 · 정신적 고통 및 취약성은 전쟁을 경험했거나 전쟁터에서 살지 않더라도 굶주림과 영양부족, 휴식의 부족, 약물남용은 전반적인 면역체계를 약화시킨다. 그리고 사망의 위험, HIV/AIDS, 알코올을 포함한 심각한 약물남용, 간염, 심장질환, 항문질환, 고혈압, 기능적 시각손상, 피부과적 문제 등과 같은 만성적인 의료적 조건에 있는 질병들을 증가시킨다. 인간이 공공장소 및 예측할 수 없는 장소에서 하루하루 수면을 취하면서 일상을 보내는 일은 일반적으로 인간 경험의 범주에서 벗어난 극도의 고통스런 경험이라고 할 수 있다. 거리에서 일상을 보내야 하는 대가가 심리정서적인 영역에만 국한되는 것이 아니라 외상 후 스트레스 장애와 연계된다(남기철, 2000; Whitbeck, 2009). 정신과적 선별검사인 SCL－90－R로 거리노숙인과 쉼터노숙인을 조사해 본 결과, 거리노숙인은 신체화 증상, 우울증, 불안증, 공포불안, 강박증, 대인 예민성, 정신증(neurosis)이 확인되었다. 거리노숙인이 쉼터노숙인보다 3배 정도 우울증 위험도가 높으며, 8배 정도 사람에 대한 적대감이 있고, 4배 정도 공포심을 더 느끼고 있었다. 노숙 기간이 3개월 증가함에 따라 신체화 증상은 1.3배씩 증가하였고, 대인예민성은 1.8배, 우울증은 경계성 유의수준을 보여주고 있으나 1.3배 위험도가 증가함을 알 수 있었다. 단위 기간을 12개월로 재계산할 경우 한 개인이 노숙생활을 12개월을 할 경우 비노숙인에 비해 신체화 증상은 3.3배, 대인예민성은 10.5배, 우울증은 2.7배 수준에 이를 것으로 예측할 수 있다(한국도시연구소, 2001a). 하지만 상대적으로 연령이 젊은 20~30대 노숙인일수록 신체화증상, 대인예민성, 편집증 같은 부적응 증상이 덜 영향을 미치는 것으로 나타났으며, 학력이 전문대졸 이상인 경우 중졸 이하나 고졸보다 대인예민성에 따른 부적응 증상이 더 많이 나타났으며 대인관계로부터의 정서적 단절이 더 강하게 제시되었다. 하지만 학력이 높을수록 그렇지 못한 노숙인에 비해 자아통합 능력이 상대적으로 높은 것으로 나타났다. 덧붙여 미혼인 경우와 노숙체험 이전부터 무직이었던 경우에 공포불안을 더 많이 느끼는 것으로 나타났다(이정숙 · 김성천, 2001). 노숙인의 건강정도는 취업 및 자활자립 성취에 중요한 요인으로 작용한다고 보고되면서 질병수가 적을수록 취업유지 기간이 길어지는 것으로 나타났다. 전반적으로 노숙인의 일자리는 매우 불안정한 고용상태를 가지고 있다. 특히 노숙 전과 노숙인이 된 이후의 직업 이동 경로를 살펴보면 점차 낮은 기술과 불안정한 소득을 특징으로 하는 직종에 편입되었다. 선택할 수 있는 업종도 대폭 축소되어가는 것을 볼 수 있다. 실제로 노동 능력이 있는 저연령층의 욕구는 보다 장기적이고 전문적인 직업을 원하고 있지만, 저학력과 저급기술을 가진 이들에게 주어지는 일은 점차 낮은 기술과 불안정한 고용형태와 업종이 대부분이다. 이러한 불안정한 직종으로의 이동이 이루어질수록 청년기 노숙인은 점점 낮은 자존감과 무기력을 경험하게 되어 결국 스스로를 포기하는 경향을 나타낼 수 있다. 나아가 심리적으로 살아가야 하는 이유와 목적을 분명히 지니고 있는 노숙인일수록 취업유지 기간이 길어지는 것으로 나타났다. 노숙생활에서 경험한 사회적 고립감이나 자존감의 높은 손상 등으로 무기력해지거나 우울 등의 심리적 손상은 일의 지속성과 부적인 연관이 있는 것으로 나타났다. 반대로 살아가야 하는 이유와 목적을 분명히 지니고 있는 노숙인은 어려움이나 좌절을 딛고 일어설 수 있는 힘이 있어 취업유지를 더 오랫동안 할 수 있는 힘이 있음을 알 수 있었다. 이러한 삶의 목적은 연령과 정적 상관관계가 있어서 연령이 높을수록 삶의 목적도 높게 나타났다.

그러나 오늘날 우리 사회경제 구조를 바라볼 때 청년기 노숙생활의 원인을 오로지 그들 개인의 삶에 대한 목적의식 부족으로 전가될 수 있는 것은 아니라고 보인다. 이미 자동화시스템으로 인해 고용 없는 생산이 가능하게 되었고 기업 및 공기업의 인건비 절감을 통한 이윤 추구는 일할 수 있는 사람을 10명 중 6명 미만이 되게 하였다. 우리 사회가 지속가능한 복지국가가 되기 위해서는 적어도 10명 중에서 7명 이상이 일하는 사회가 되어야 한다. 스웨덴과 미국의 고용률은 75%를 넘고 있다. 우리 사회의 20대 청년층의 약 62%가 경제활동에 참가하고 있으나 그들 중 49.9%만이 정규직이고 50.1%는 비정규직인 것으로 나타났다(전병유, 2010). 최근 우리 사회에서 대학을 졸업한 청년들을 '88만 원 세대', 즉 '파트타임 근로세대'라고 명명하고 있는 것이다. 이들은 대체로 근로를 해도 일시적 실직이나 병원입원 등의 문제가 생기면 완전한 빈곤층으로 전락할 수 있는 근로빈곤(working poor)에 속한다고 할 수 있다. 따라서 공식적 빈곤선의 경계 바로 위를 위험하게 걷고 있는 것이 현실이다(우석훈 · 박권일, 2007). 나아가 금융기관을 포함한 대출업자들의 적극적인 공세와 간편하게 이루어지는 대출과정으로 인해 안정된 경제적 기반이 없는 청년들의 파산이 급격하게 증가하였다. 사회경제적 변화와 더불어 가족경험에 있어서 대부분의 청년기 노숙인들은 아동청소년기부터 가족의 신체 및 정서적 학대와 방임, 부모의 알코올문제, 가정폭력, 빈곤, 가정불화, 가족해체, 가출, 쫓겨남 등을 겪게 되는데 이러한 요인들이 노숙인으로 전락하게 되는 위험요인이 되고 있다. 특히 빈곤 가정에서 부모의 이혼이나 원가족 해체를 경험한 아동청소년은 가출하거나 반사회적 행동 경향이 높아지고, 거리에서 매춘이나 약물, 알코올 중독, 폭행 등에 참여하여 결국 사회적 관계가 고립된 후에 노숙에 이르게 될 가능성이 높아진다(나일등 역, 2009; National Resource Center on Homelessness and Mental Illness, 2001). 또한 청소년기에 한국과 미국가정의 공통된 문제로는 학교부적응, 학습부진, 가출, 소외감, 고립감, 피해의식, 우울, 불안, 자살시도, 성문란 등을 관련변인으로 보고하였으며, 청년기 문제로는 일과 사랑의 실패로 인한 열등감, 가출, 비행, 자살기도, 부정적 자아정체감, 성문제, 가족과의 유대관계, 원가족과의 분화, 부모의 역기능으로 인한 또래 및 이성문제, 부모에게 의존, 융합, 단절문제 등을 관련변인으로 제시하였다. 이러한 특성들은 사회문화적 상황들이 친가족적(pro-family)이라기보다 반가족적(anti-family)측면으로 가족에게 좋은 환경을 제공하지 못하고 있음을 나타내는 것이라 볼 수 있다(정문자, 2001).

정리하자면 한국의 청년들은 사회경제적 구조뿐만 아니라 원가족 문제, 질병 등의 개인적인 요인들의 복합적 영향으로 근로의욕과 근로능력이 있음에도 불구하고 노숙인으로 전락하기 쉬운 시스템에 노출되어 있는 것이다. 이에 국외 노숙인 관련 프로젝트로서 효과적인 결과를 생산한 미국의 예로서 노숙인 당사자 운동,[18] 시민권과 관련된 법적 분야 프로젝트,[19] 가족 권리와 존엄성을 위한 프로젝트,[20] 국경 없는 피난처,[21] 쉼터방문프로젝트,[22] 거리신문,[23] 약물중독과 정신건강 연구,[24] 집단 고용권 쟁취를 위한 모임[25] 등을 들 수 있다.

---

18) 설립배경은 공공 정책과 비영리서비스를 계획하고 빈곤층의 권리를 알리는 등 홈리스 스스로의 실천적 사회참여를 통하여 구조적 문제를 해결해보고자 1987년 설립되었다. 홈리스를 사회구조적 문제로 인식하고 그 해결의 주체를 홈리스자신으로 보았다. 거의 100% 미국 전역에서 전달되는 기부금과 후원비로 운영하여 재정적 독립성을 유지하고 있다. 프로젝트별로 필요에 따라 정부 보조금 및 기금을 공식적으로 요청하여 지원받기도 한다. 15명 내외의 상근자의 40%가 저임금을 받는 홈리스 당사자이다. 홈리스는 구호의 대상이 아니라 문제해결의 주체적이고 핵심적인 역할을 수행해야 하며 다양한 자원봉사자들과 함께 활동한다. 홈리스 문제 해결에 영향을 미칠 수 있는 정책 및 프로그램 개발과 실행에 대해 단결된 목소리를 내고 정책 결정 시 정부 담당자로부터 적절한 시기에 정보를 제공받을 권리를 가짐.

19) 법적 투쟁, 권리로서의 교육, 진보정책개발 등 인권침해 종식을 위한 의제 설정.

20) 홈리스와 저임금 부모들의 정치적 결속을 꾀하고 빈곤의 원인에 대한 이해를 높이기 위한 공공 교육 캠페인 실행.

21) 1992년 마켓 거리의 다기능 서비스 쉼터 서부지부에서 라틴계 홈리스 15명이 설립. 범죄대상이 되고 있는 밀입국한 홈리스 이주자를 대상으로 안정된 환경제공, 사회경제 정의를 증대하기 위한 일련의 교육프로그램 실시.

22) 홈리스 당사자가 홈리스 쉼터를 방문하여 쉼터의 환경과 서비스의 실용성 등을 평가.

23) 1989년 자원봉사자들에 의해 시작됨. 현재 홈리스 또는 과거 홈리스였던 이들이 기고하여 매월 1회 발행되는 타블로이드판 신문으로 한 달에 36,000부를 발행하여 이 중 32,500부를 홈리스 및 빈곤층에게 즉시 제공하여 이들이 거리에서 1달러에 판매한 수익금 100%를 판매자가 갖는 것임. 홈리스에게 매월 1,000달러 이상의 소득을 제공하며 홈리스에 대한 이해와 전망을 제시하여 상당한 고정 독자층을 확보하게 됨.

24) 홈리스 중 30~40%는 정신장애, 30~60%는 알코올 및 약물 문제, 25%는 신체장애를 갖고 있는데 5150

그 중 빈곤계층의 주택공급과 서비스를 위한 주택기금 제안을 들 수 있는데, 이는 기존 주택 중에서 세금체불이 되어 있거나 무단점유된 주택을 활용할 것을 제안하였다는 점이다. 홈리스를 위한 주거 시설에 목욕과 취사 시설뿐만 아니라 애완동물을 위한 시설도 갖추도록 했으며 그러한 혜택이 빈곤층 청장년, 장애인, 한부모 가정, 동거세대에 이르기까지 평등하게 적용될 것을 주장하였다는 점이다(한국도시연구소, 2001b).

본 연구의 자료는 'SBS 그것이 알고 싶다: 증가하는 청년노숙인편(2008. 7. 26.)' 다큐에 참여한 대상자들과 노숙인다시서기센터 소식지(다시서기, 2008년 4월호)의 텍스트로부터 수집되었다. 우선 다큐에 참여한 4명은 익명성 보장을 위해 인물 모자이크처리, 음성 변조처리, 신원 비공개처리 되었다. 참여자 1은 33세이며, 가내영세사업을 하는 아버지를 10년간 도우며 살다 독립하여 공장노동자, 운전직, 식당웨이터 등으로 생계를 유지하였으나 골수염으로 더 이상 근로를 할 수 없게 되어 수입원이 없어지자 노숙인이 되었다. 젊은 나이에 장애수급자가 되는 의존적 삶을 거부하며 독립적인 생활인이 되고 싶어 한다. 병원 치료를 받고 있는 중이다. 참여자 2는 30세이며 노숙생활 2년째이다. 미국서 초등학교를 다닌 유학파였으며 특채로 대학에 입학했으나 전공이 적성에 맞지 않아 대학을 중퇴하였다. 학원에서 영어

법에 의해 문제로 지목된 노숙인을 정신의학적 평가를 내릴 때까지 72시간 강제 구금할 수 있도록 되어 있었음. 하지만 정신건강 서비스를 받지 못하고 치료 이전에 심한 위기에 처해지는 결과를 낳게 되어 기존 치료시설과 프로그램 개선을 공고히 하게 됨.

25) 노동재교육을 받은 노동자들에게 그들의 권리를 교육하고 작업현장에서 권리를 침해받는 노동자를 위해 시에 민원조사관을 두도록 요구하는 등 노동자 권리 옹호를 위한 다양한 캠페인을 실행. 빈곤층 노동자의 정규직화를 목표로 함.

파트타임으로 생계를 이었으나 소액의 금융대출로 신용불량자가 되어 노숙생활을 시작하였다. 찜질방 등을 전전하며 지내기도 한다. 참여자 3은 33세로 노숙생활 5년째 접어든다. 가족해체와 금융연체로 신용불량자가 되었으며 주민등록이 말소된 상태였다. 현재 노숙인자활센터에서 공공근로 중이다. 참여자 5는 34세로 노숙생활 6년째이다. 20대에 직장의 구조 조정으로 실업자가 되어 자영업을 시도했으나 감당할 수 없는 빚을 진 상태였다. 노숙생활에서 벗어나고자 인력시장을 통한 일자리라도 얻기 위해 노력 중이다. 그리고 노숙인다시서기센터 소식지의 텍스트로 활용된 참여자 4 역시 연령 이외에는 신원 미공개된 상태였으며, 28세부터 노숙생활을 한 30세 청년이다. 당시 노숙인자활센터에서 인문학과정을 수료 중에 있었다.

본 연구에서는 5명의 청년들이 노숙인이 되기까지 그리고 노숙인에서 벗어나기 위해 힘겨운 시기를 어떻게 견디어가는지 삶의 실제(reality)를 있는 그대로 진솔하고 적극적으로 드러내고 있는 2차 자료들을 수집하여 분석하였다. 본 연구 질문에 대한 심층적 자료 제공에 있어서 부족함이 없다고 판단된 TV시사다큐멘터리[(SBS: 그것이 알고 싶다, '길 위에 버려진 젊은 희망: 증가하는 청년노숙인(2008. 7. 26.)]에서 네 개의 사례 그리고 노숙인다시서기센터 소식지(다시서기, 2008년 4월호)에서 청년노숙인 수기 한 사례를 활용하였다. 본 연구자는 자료를 다운로드받아 파시 연구방법에 따라 내용을 재구성하였다. 본 연구자는 가출청소년 및 성인남녀의 노숙관련 국내외 문헌연구들과 국내 노숙인다시서기센터 등에서 출간하는 자료들, 성인노숙인 자신의 회고적 자서전 등을 검토하면서 본 연구 자료가 노숙인에 대한 보편적인 핵심적 의미뿐만 아니라 '청년기'라는 발달적 특성을 고려한 것인지 확인하는 과정을 거쳐 활용을 결정하였다. 또한 스크린 상에서 나타난 참여자의 언어적 · 비언어적 메시지들이 충실하게 반영될 수 있도록 여러 번 반복 시청하면서 워드프로세스에 직접 필사(transcript)하였다. 본 연구의 질문은 '청년노숙인의 힘겨운 시기에 대한 체험 과정은 어떠한 것인가'이다.

본 연구에서는 연구의 엄격성을 높이기 위하여 Maxwell(1996)이 제시한 방법을 따랐다. 기술적 타당도를 위해 TV모니터에 나타난 청년노숙인들의 행동과 말, 내러티브의 시작과 끊어짐, 다음으로 이어지는 과정의 흐름을 맥락에 맞게 가능하면 정확하게 기술(녹취)하였다. 흐름의 경우 연구 지면을 고려하여 내러티브들을 '……'으로 처리하여 축약하거나 자연스럽게 이어질 수 있도록 처리하였다. 해석적 타당도를 높이기 위해 참여자의 목소리, 느낌, 표현의 조화를 이루도록 노력하면서 해석적 결과가 참여자의 삶을 있는 그대로 보여주도록 노력하였다. 이론적 타당도를 위해서 연구사례들은 1998년부터 2010년 현재에 이르기까지 신체적－정신적－사회적 영역의 시사문제들을 심도 있게 다룬 SBS 방송국에서 제작한 매체자료와 노숙인다시서기센터의 월간지 수기 내용을 활용하였다. 평가적 타당도를 위해 소수의 사회복지전공 및 정신간호전공 교수에게 논평을 받아 해석적 의미를 나누었다. 일반화 가능성은 본 자료가 전체적으로 청년기 거리노숙인의 체험을 대표하고 있는지 검토하기 위해 본 연구자는 자료로부터 분석한 범주와 예의 대표성을 반복하여 검토하였다. 또한 본 자료를 분석하는 과정에서 곧바로 개인적 생각과 느낌을 성찰하면서 다학제적 접근을 위해 정신간호학 전공교수와 한국사회의 청년기 거리노숙인의 체험적 구조를 확인하였다.

덧붙여 연구의 엄격성을 위해 노숙체험이 전혀 없는 본 연구자의 인식의 한계를 넘어서고자 노숙과 관련된 다양한 매체와 대상자 접촉을 반복하였다. 인간되어감 해석학적 방법은 연구자가 연구관련 텍스트, 문헌기록 등을 반복하여 읽고 읽으면서 그 의미를 파악할 때까지 함께 살기(dewelling)를 강조한다. 따라서 본 연구자는 최근 출간된 노숙인의 체험이 담긴 자서전, 시, 수필, 노숙인 관련 일에 종사하는 사회복지사의 체험적 에세이, 국내외에서 노숙청소년들이 무고를 입증하지 못해 유죄판결을 받아 수년간의 수감생활 후 무죄로 방면되는 과정을 담은 인터뷰 내용, 노숙인과 청년실업 관련 기사, 클레멘토스 교육과정, 북한이탈주민으로부터 탈북과정에서의 노숙체험 등을 반복하여 접하였다. 또한 본 연구매체를 제작한 프로듀서 민인식 선생을 2008년 10월에 직접 만나 텍스트로 활용할 수 있는 허락을 서면으로 받았다. 이러한 과정에서 현재의 노숙인이라도 과거에 노숙생활만큼은 피하기 위해 최대한 노력했었던 과정이 있었다는 점, 가족과 지역 공동체로부터 벗어난 개인은 누구라도 노숙인이 될 수 있는 가능성을 배제할 수 없다는 점, 일단 노숙인이 되면 외부의 전문적 도움 없이는 자활하기 어렵다는 점 등을 파악하게 되었고 젊은 연령으로 인해 사회로부터 더욱 낙인화될 수 있는 20대부터 시작된 거리노숙인의 체험적 구조란 무엇인지를 확인하고자 하였다.

참여자 1의 체험 내용을 정리하면 다음과 같다.

아버지 밑에서 거의 10년 넘게 일을 했어요. 왜 이렇게 열심히 일하는데도 이렇게 만날 굶주려 가면서 살아야 하나…… 고생은 고생대로 하면서…… 손해만 보니까…… 너무 싫었던 거예요. 저는 그 가난이라는 게 너무 싫었어요. 가장 고통을 준 게 사람들이었어요. 길에 쭈그리고 앉아 있었는데…… 어떤 아이가 아빠, 저 아저씨 뭐야 이러는데 그 아버지란 분이 저 사람 거지라고…… 일도 안 하고 저렇게 놀고먹고 하는 사람들이라고 하는 그 말을 들었을 때 그 말이 너무 저한테는 충격적이었거든요. 다른 것보다 너무 싫었던 게 일반인들…… 그러니까 평범하게 지금 생활하시는 분들이 지나가시면서 쳐다보는 시선들…… 그 시선들이 배고픔보다 싫었어요.

단 한 순간에 일과 잘 곳이 사라진 거지요. 식당일 할 때는 식당에서 먹고 자고 생활하다가…… 막상 팔이 이렇게 되고 딱 나오니까는 갈 데가 없더라고요. 팔을 다치기 전까지 여러 달 일을 전전했어요. 일하지 않으려고 한 게 아닙니다. 일반 공장 같은 데도 가서 일도 해보고, 화물차 운전이나…… 거의 운전직 쪽에서 많이 일을 했었어요. 그러다가 일반 식당 같은 데 가서 서빙도 보고…… 그렇게 하다가 이제…… 그전까지는 계속 그런 일을 하다가 이 팔을 다치는 바람에 일을 못하게 됐죠. 흔히 말하는 전단지 있지요. 2시간에 2만 원 3만 원짜리 하는 거 그때는 제가 거의 붕대를 이렇게 감은 상태에서…… 아픈데도 아픈 티를 안 내고 그냥 하루에 한 천 장 이렇게 돌리는 거…… 그러다가 나중에 이제 점점 팔이 악화되면서…… 아, 이제 이건 도저히 안 되겠다. 그 누구에게도 도움을 청할 데가 없었어요. 그러다 보니까 노숙으로 빠지게 된 거지요. 제가 수원역에서 쓰러져 누워있는데 신부라고 소개하시시면서 왜 이렇게 냄새가 나느냐고 해요.

팔이 좀 아프다고 했지요. 그랬더니 여기저기 무료진료 병원이 있다고 알려 주셨고…… 팔이 너무 아파서 내 스스로 00시립병원을 찾아왔어요. 진짜 당황되었지요. 일을 하다가 어느 날 팔을 딱 들려고 그랬는데 안 들리니까…… 중간에 이렇게 혈관이 파열되는 그것까지 겹쳐 버리니까 더 이제 힘들어졌죠. 이제 난 끝났구나. 진짜…… 염증을…… 왼팔에는 아예 구멍이…… 어깨와 팔로 이어지는 신경은 죽은 상태였고…… 이게 골수염이지요. 더 방치했으면 목숨이 위험한 상황이었어요.

삶을 허비하기에는 내 삶이 소중하고 너무 아깝다는 거 다 알고 있어요. 그래서 신청하지 않았어요. 나는 국가에서 주는 장애인 수급 받고 싶지 않아요. 팔이 어느 정도 나아서 새로운 일자리가 나오면 일을 하고 싶지…… 평생 장애인으로 의존하며 지내고 싶지 않아요.

참여자 1의 체험을 축약하면 다음과 같다.

* 아버지 밑에서 10년을 일해도 굶주림과 가난으로 고생하여 집을 나오게 되었고, 노숙자가 되니 사람들의 말과 쳐다보는 시선이 배고픔보다 싫었음.
* 공장, 화물차운전, 식당서빙, 전단지 배부 등의 일을 열심히 하였으나 팔이 악화되면서 도움청할 곳을 알지 못해 노숙으로 빠져 수원역에 누워있을 때 신부의 병원치료 알선으로 골수염 진단을 받아 치료받게 됨.
* 삶이 소중하고 아깝기에 국가수급장애인으로 평생의존하며 살기보다 일하고 싶음.

즉, 참여자 1의 청년기에 시작된 거리노숙인의 힘겨운 시기에 대한 체험은 성실히 근로해도 가족이 빈곤하여 가출하였고 노숙인에 대한 세상의 낙인과 신체질환, 지지망 결핍으로 고통스런 생활을 하였으나 성직자의 도움으로 치료를 받으니 독립적인 삶의 의지를 갖게 되는 것이다. 그는 성실히 근로해도 빈곤했던 가족이 지겨워 가출했으나 노숙인에 대한 세상의 낙인이 고통스러웠고, 일용직근로자로 생계를 이어가다 신체질환의 악화와 지지망의 결핍으로 노숙자가 되니 거리 상담을 나온 성직자의 도움으로 치료를 받게 되니, 젊기에 독립적인 삶을 살고 싶은 의지를 갖게 되었다.

참여자 2의 체험 내용을 정리하면 다음과 같다.

완전히 미끄러질 대로 미끄러진 정도…… 죽고 싶지요. 그냥 모든 게 다 싫고…… 그냥 바닥 중에서도 바닥! 남들이 봤을 때는 멀쩡한 놈이 줄서서 밥 얻어먹고 하니까 이해 못 할 수도 있겠는데…… 각자 입장에서는 진짜 견디는 거예요. 내가 거기(거리식사) 줄 안 서 있으면 산에 가서, 방앗간 가서 목을 매야 해요.

미국서 초등학교 다녔고 국내 영어 특기생으로 00대학교 독문과에 입학했는데 적성에 안 맞아 학교에 안 다녔어요. 2002년 유학 갈 때 꿈은 시나리오 작가였는데 내가 원했던 산타모니카 대학이 시립대학이긴 했지만 정식입학을 얻었기 때문에 집에다 거짓말을 했거든요. 아버지는 명문대학인 펜실베이니아 대학에 가라고…… 그런데 아버지 사업 실패하고 귀신같이 맞아 떨어진 거예요. 학교도 마치지 못하게 됐고 미국서 3년을 버티다가 한인 교회 교민들이 모금해서 비행기

티켓을 마련해줘서 간신히 한국에 오게 됐어요. 그 다음부터 가족들한테 절연당한 거지요. 어려서부터 아버지 기대수준에 좇아가고 좇아가려다가 너무 힘들어서…… 아버지는 자수성가하신 분이시고 어릴 때부터 저하고 골이 깊었어요. 유학 갔다 오고 난 다음에 한 2년쯤 됐을 때 찾아갔었거든요. 제가 무조건 잘못했다고 했어요. 아버님이 나가라고 말씀하시고…… 유언이라고…… 두 번 다시는 나타나지 말라고…… 어머니는 공사장 임시식당에서 일을 하고 계시는데요. 야간근무 24시간 하는 건설현장 식당인데 000이라고만 말씀하시고 세부사항은 안 알려주시는 거예요. 과거 지인들하고는 이미 연락을 끊은 상태이고…… 한국에 왔을 때 잘 곳조차 없었지만 그래도 자신이 있었어요. 영어가 되면 노터치라고 생각했거든요. 막상 현실에 부딪치니까 학력지상주의, 간판, 졸업장…… 그런 것에 딱 걸린 거지요. 영어학원에 일자리를 얻으려고 막상 이력서를 냈더니 대학 졸업장이 없다는 게 문제가 된 거지요. 졸업장이 있는 사람을 찾는다는 거였어요. 그냥 아르바이트 생으로 전락해 버린 거지요. 완벽한 원어민 영어인데도 가르칠 자격이 없다고 하니…… 처음에는 학원에서 파트타임으로 3개월 일도 했어요. 하지만 생활은 한 순간에 무너졌습니다. 생활부터 규모를 잡아 보자가 목적이었기 때문에 대출을 받은 거였는데…… 휴대전화로 대출받는 방법이 있더라고요. 그것 때문에 통신 연체까지 걸렸고 신용까지 망가지니까…… 영어를 완벽하게 하는 노숙자가 돼버렸죠. 돈이 있는 날 잠자리는 찜질방인데 새벽까지 잠을 이루기 힘들지요. 벌써 2년째 토막잠을 자고 있는 상태고요.

포기하지 않고 벼룩시장에 과외광고 내서…… 어제 처음 과외가 들어왔는데 계속 불안하기만 한 거예요. 긴장이 아직도 안 풀려요. 언제라도 미끄러질지 모른다는…… 집이 없으니까…… 그 긴장감 속에서 계속 생활하는 거지요. 늘 그냥 발가락 위에 삶의 무게가 짓이기고 있는 상태에서 하루 24시간을 줄기차게 생활하는 거 같아요. 긴장을 놓을 수가 없어요. 당장 죽을 거 같으니까.

참여자 2의 체험을 축약하면 다음과 같다.

* 완전히 미끄러져 바닥으로 살아가니 모든 게 다 싫고 죽고 싶은 생각이다.
* 펜실베이니아 대학에 가라는 아버지를 속이고 시나리오 작가인 꿈을 이루기 위해 산타모니카 시립대학에 갔으나 아버지의 사업 실패로 학업을 중단하고 귀국하니 가족한테 절연 당하였다.
* 자수성가한 아버지와는 어릴 적부터 골이 깊었고 유학 후 아버지께 잘못했다고 했으나 두 번 다시 나타나지 말라고 부탁하였고 어머니와 지인들과도 연락이 끊어진 상태이다.
* 영어학원에 일자리를 찾고 싶었으나 현실은 대학졸업장을 필요로 하여 아르바이트생으로 일하였으나 가르칠 자격이 없다고 하여 한 순간에 생활이 무너져 휴대전화 대출을 계기로 노숙자가 되어버렸다
* 찜질방에서 2년째 토막잠을 자면서 포기하지 않고 벼룩시장에 과외광고를 내나 집이 없고 언제라도 미끄러질지도 모른다는 불안으로 당장 죽을 것 같은 계속된 긴장 속에서 살고 있다.

즉, 참여자 2의 청년에 시작된 거리노숙인 힘겨운 시기에 대한 체

험은 절망감으로 자살하고 싶고, 가족해체와 학력 중심 사회로부터의 배제, 비정규직노동, 고리대금파산으로 노숙하게 되었으나, 삶의 무게가 버겁지만 포기하지 않고 긴장 속에서 살아야 하는 것이다. 그는 인생의 가장 밑바닥에 처하니 절망감으로 세상이 싫어지고 자살하고 싶었고, 성장과정에 부자 갈등으로 신뢰가 깨지고 가정경제파탄까지 겹치어 가족해체와 학력중심 사회로부터 배제되고 비정규직노동으로 생계를 이어가다 고리대금으로 파산하여 노숙하게 되었다. 이에 삶의 무게가 버겁지만 포기하지 않고 긴장 속에서 살아가고 있다.

참여자 3의 체험을 정리하면 다음과 같다.

다시 서기 위한 필수조건이 일과 잠자리인데…… 차비하고 담뱃값하고 저녁밥 사 먹고 쪽방에 하루 7천 원 주고…… 일 없어서 못 나가면 번 돈 가지고 살아야 되는데 5만 몇 천 원 벌어서 이틀, 삼일을 못 살아요. 그나마 쪽 방촌이 재개발되는 중이라 다 부셔지고 있는데…… 거기서 하루하루 살아가는 사람들이 쫓겨나면 그냥 노숙인이 되는 거야. 누군가에겐 재테크 기회가 되겠지만 단돈 7천 원에 하룻밤을 찾는 사람들은 어디로 가야 하나…….

내가 간절히 원하는 건 높은 연봉이 아닙니다. 최소한의 안정된 일자리예요. 나를 노숙자로 만든 게 신용불량인데 그 돈이 천만 원 정도도 안 되는 돈이었어요. 그런데 그게…… 가족이나 주위에 도움을 받을 수 없는 상태에서 신용불량자가 되어 버리니까 주민등록 말소로까지 이어지게 되는 겁니다. 변재신청을 하고 5년간 매월 번 돈의 절반씩을 갚아 나가는 것이 유일한 방법인데…… 그러려면 규칙적인 일자리가 있어야 합니다. 하지만 일자리를 찾는 첫 단계에서 매번 주저앉게 되는 겁니다. 일터에서 연락이 와도 주민등록이 말소된 상태라고 하면 일을 안 줘요. 가족이 해체돼서 도움을 받을 수도 없고…… 그대로 노숙자 신세가 되는 거지요.

새벽 6시면 노숙인 센터에서 밖으로 나와야 해요. 그게 정해진 규율이라서…… 일터를 찾아보려는 노력을 해야 하거든요. 평소에는 건너뛰었을 아침이지만 막노동 인력시장이라도 나가 서 보려면 큰 맘 먹고 라면하고 김밥을 먹어둬야 합니다. 센터에서 매달 30만 원 지원을 받았는데 이젠 떠날 준비를 하고 있습니다. 이게 자활이라고 그러거든요. 공공근로가 아니라…… 자활은 원래 1년에 10개월 지나면 할 수가 없어요. 더 못하게 되면 센터가 여기만 있는 게 아니잖습니까. 다른 데도 있고…… 가서 또 할 수는 있는데…… 차라리 그 전에 어느 정도 방을 구하려고 인력시장도 나가고 시간 되는 대로 파지모아서 팔고…… 추워지면 붕어빵 장사를 시작하려고 합니다. 동사무소 청년 공공근로사업도 신청해두었고요. 그렇게 세상을 배워가는 거지요.

참여자 3의 체험을 축약하면 다음과 같다.

* 쪽방촌이 재개발 중이라 일과 잠자리가 없는 노숙인이 되어 어떻게 살아야 할지 걱정이다.
* 간절히 원하는 건 최소한의 안정된 일자리인데 신용불량자가 되어 버려 주민등록이 말소된 상태이기에 규칙적인 일자리를 찾을 수 없고 가족해체로 도움을 받을 수 없는 노숙자 신세가 되었다
* 새벽 6시이면 노숙인 센터에서 나와 일터를 찾아보려는 노력을

하고 있다.

* 자활센터에서 월 30만 원 지원을 받고 있으나 시간되는 대로 파지도 모아 팔고 붕어빵 장사와 청년공공근로사업신청도 하면서 세상을 배워가고 있다.

즉, 참여자 3의 청년에 시작된 거리노숙인 힘겨운 시기에 대한 체험은 재개발로 삶의 터를 잃어 내일이 걱정되고, 일자리가 없어 체납으로 신용불량자가 되어 주민등록이 말소되고 가족해체로 지지망이 없으나, 자활의지를 갖고 일거리를 찾으려 노력하는 것이다. 그는 쪽방촌이 재개발되어 삶의 터전을 잃게 되니 다가올 내일이 걱정되나 안정된 일자리가 없어 대출금체납으로 신용불량자가 되고 주민등록의 말소와 가족 해체로 지지망이 없으니 노숙인이 되었다. 하지만 자활의지를 갖고 세상을 배우기 위해 일거리를 찾으려 노력하는 체험이다.

참여자 4의 체험을 정리하면 다음과 같다.

더 이상 떨어질 밑바닥이 없습니다. 스물여덟에 남들에게 천시 받고 손가락질 받는 노숙인이 되었습니다.

사람들은 노숙인을 술 마시고 행패 부리고 아무나 붙잡고 싸우고 노상방뇨와 고성방가를 하며 길거리에 떨어져 있는 음식이나 주어먹고 돈이나 구걸하는 사람으로 생각합니다. '불쌍하다', '안됐다'라는 생각 말고……. '왜 저 사람이 노숙인이 되었는지', '무엇 때문에 노숙인 생활을 해야 하는지', '왜 저 사람이 술을 먹게 되었고 집이 아닌 길가에서 노숙을 하게 되었으며 왜 술에 취해 울부짖는지' 고민하기

보다 열 분 중 한 분은 '참 안됐다'라며 동정을 하시는 분이 있으실 테고 나머지 아홉 분은 손가락질을 하며 혀를 찰 것입니다.

처음엔 '공부를 해 볼 생각이 없느냐'는 물음에 지레 겁먹고 고개를 저었습니다. 하지만 제가 인문학과정을 하겠다고 한 이유는 인문학과정이라는 한 가닥의 희망을 등에 매고 위로 올라갈 일만 남은 것이며, 더 이상 뒤로 물러서고 싶지 않아서였습니다. 물론 쉬운 길이 되리라는 생각은 하지 않습니다. 단지 인문학과정을 통해 내 자신을 돌아보고, 앞으로 내가 재도전해야 할 세상을 배울 수 있다면 제가 여기 서 있어야 할 이유는 충분할 것 같습니다. 만약 여기서 또 다시 이런 큰 기회를 차버린다면 우물 안에서 빛이 있는 넓은 바깥세상을 바라 볼 기회가 그만큼 더 늦어질 것만 같습니다. 이제 시작입니다. 그 동안의 아프고 힘들었던 기억들을 약으로 삼고, 인문학과정을 통해 한걸음 더 나아갈 수 있는 방법을 배우고자 합니다. 1년이 지나, 과정을 마무리하는 때에 새로운 모습의 제가 되어 사회로의 재도약을 하고자 합니다. 비록 젊은 나이에 인생의 밑바닥을 경험하고 있지만 '이젠 틀렸어!', '더 이상 희망은 없어!'라고 생각하진 않습니다.

참여자 4의 체험을 축약하면 다음과 같다.

* 스물여덟에 천시와 손가락질 받는 노숙인이 되었다.
* 사람들은 노숙인을 술 마시고 행패부리고 아무나 붙잡고 싸우고 노상방뇨와 고성방가를 하며 길에 떨어진 음식을 먹고 구걸하는 사람으로 생각하지 왜 저 사람이 노숙인이 되었는가는 생각하지 않고 손가락질한다.

* 노숙자센터에서 더 이상 뒤로 물러서고 싶지 않아 인문학과정을 통해 자신을 돌아보고 사회로의 재도전을 할 기회를 찾아보려고 했다.

참여자 4의 청년에 시작된 거리노숙인 힘겨운 시기에 대한 체험은 20대에 세상 끝으로 추락하였고, 비노숙인은 노숙인이 된 사회구조에 대한 이해보다 고정관념으로 노숙인 개인을 비난하니, 인문학과정을 통하여 자신의 성장 과제를 발견하고 도전의 기회를 찾고자 함이다.

〈서울시 '2010 희망의 인문학' 2,020명 입학, 75%인 1,515명 수료〉26)

26) 노숙인 등 저소득층 시민의 정신적 빈곤탈피와 자긍심 고취를 돕고자 추진하고 있는 '서울시 희망의 인문학' 과정이 2010년 총 1,515명의 수료생을 배출해 신선한 화제가 되고 있다. 참여 수강생만 총 67개 반 2,020명으로 이는 인문학 강좌를 처음 시작한 2008년 수강생 313명의 6배가 넘는 인원이다. 2010년 '희망의 인문학' 과정을 수료한 교육생들은 각자 교육 받은 기관에서 학사모를 썼다. 2010년 11월 9일 한국외대의 316명 졸업생 배출을 시작으로, 10일 성공회대에선 233명의 졸업생을, 18일 동국대는 357명이 졸업을 했다. 서울시립대에선 11월 22일에 273명이 학사모를 썼으며, 12월 11일 경희대에선 336명이 졸업식을 가졌다〈희망드림프로젝트/희망의 인문학 과정 2010. 12. 13. '올해 1,515명 노숙인 · 저소득시민 희망의 끈 잡았다.' 서울행복도우미에서 발췌〉.

참여자 5의 체험을 정리하면 다음과 같다.

정리해고를 당해서 내 힘으로 서 보려고 안간힘을 써 보았는데 결국 노숙자로 떨어지게 된 겁니다. 거리 노숙 생활한지 한 6년 됐습니다. 처음에는 퓨전 포장마차를 운영했어요. 그러다가 망해서 빚쟁이들한테 쫓겨서 올라왔거든요. 어유, 저 지금도 빚이 많아요. 한 1억 4천정도 됩니다. 제가 이제 감당할 액수가 아니에요.

영등포 공원에 벤치가 다 있었는데 노숙자들이 잔다고 다 없애버렸어요. 공원에서…… 수도꼭지도 다 없애버렸어요. 정자도 없애버렸지요. 노숙인 거리조사반이 생겨서 공원이나 역에서 못 자게 돌아다녀요. 젊은 노숙인들은 돈 생기면 PC 방에서 숙식해결을 하면서 지내고…… 그나마 시간당 5백 원일 땐 사람이 많았는데 카드제로 바뀌는 바람에 돈 없는 사람들은 그곳도 다 빠져나가 버렸어요. 뭐 아니면 고시원 가는 사람도 있고…… 하루 벌어서 하루 먹는 사람들이니까…… 쉽게 말하면 막노동…… 하루 일 갔다 오면 딱 남는 게 주머니에 5만 원 남아. 서로 빌려 쓴 거 있을 거고…… 노숙인들 가는 PC 방에 가면 거기 있는 사람들 전부 다 알아요. 다 아는 사람들이에요. 인근에 만화방에서도 살구요. 거기서 장기 숙소도 제공해 주니까…… 1년 넘게 있는 사람들도 있어요.

새벽 4시면 인력시장에 나가서 기다려요. 노숙생활 하다가 일 다니면서 고시원 생활로 바뀌고…… 좀 더 나아지면 자기 방 하나 얻어서 나가게 되고…… 쉬는 날 뭐 해요. 나와서 일도 하고…… 먹고 살려면 해야 하니까…….

참여자 5의 체험을 축약하면 다음과 같다.

* 정리해고 후 휴전 포장마차를 운영하다 빚을 지어 감당할 수 없어 안간힘을 써 보았으나 노숙자가 되었다.
* 노숙인 거리조사반이 노숙자를 공원이나 역에서 못 자게 하기 위해서 공원벤치, 공원수도꼭지, 정자를 없애 PC 방이나 만화방에서 장기 숙식을 하게 되었다.
* 노숙생활 하다가 인력시장을 통해 일자리를 찾아다니며 고시원 생활을 하고 더 나아지면 방을 하나 얻어 생활한다.

즉, 참여자 5의 청년에 시작된 거리노숙인 힘겨운 시기에 대한 체험은 정리해고 후 최선을 다해 살아보고자 했으나 부채로 인해 거리노숙인이 되었고, 임시거주지에서 하루하루를 버티다가 만성적 노숙상태를 벗어나기 힘드니, 노숙생활에서 벗어나고자 궂은 일이라도 찾으려고 분투노력하는 것이다.

청년노숙인의 힘겨운 시기에 대한 체험의 구조를 서술적으로 종합한 내용은 다음과 같다. 참여자 1은 아버지와 영세한 가업을 도우며 성실히 일했으나 빈곤에서 벗어나기 힘들었기에 독립적으로 살아보고자 가출하였으나 배고픔보다 노숙인을 바라보는 사람들의 시선이 더욱 고통스럽다는 청년노숙인 체험의 가치화를 드러내었다. 신체질환이 악화되자 그나마 열악한 일 조차도 지속적으로 할 수 없었다는 삶의 제한을 체험했으나 길거리 상담을 나온 성직자의 도움으로 병원치료를 통해 삶의 가능성을 체험하였고 장애인등록을 통한 국가보조금을 거부하고 독립적인 삶을 선택하고자 변형되어가는 체험을 나타내 주었다. 참여자 2는 목매어 죽고 싶을 정도로 자신이 완전히 미끄러진 삶을 살고 있기에 절망스러워 자살하고 싶다는 가치화를 나타내었다. 진로문제로 가족에게 절연당하고 아르바이트로 힘겹게 학원 강사를 하며 생계를 이었으나 고리대금으로 인해 노숙자로 전락하여 사회적으로 단절된 체험을 드러내었다. 끊임없이 밀려드는 미래에 대한 불안감은 언제 나락으로 떨어질지도 모른다는 불안감과 긴장으로 일상을 흔들어 놓으나 어떻게든 일자리를 찾아보려는 강화성으로 미약하나마 세상과 연계되고 있다. 참여자 3은 일자리도 없는데 쪽방촌까지 재개발되어 잠자리를 해결할 수 없어 청년노숙이 되었다는 빈곤의 구조적인 측면을 가치화하고 있다. 최소한의 일자리조차도 불안정하여 소액 대출을 받았으나 신용불량자가 되고 주민등록조차 말소되자 세상과 분리되는 체험을 하게 되었다. 자활센터의 도움으로 자활의지를 펼치고자 노력하는 강화성을 보여주고 있다. 참여자 4는 더 이상 떨어질 곳도 없는 인생의 밑바닥으로 추락하게 되었다는 청년노숙인의 체험을 가치화하였다. 동시에 노숙인이 된 사회구조에 대한 이해 없이 개인만 비난하니 주변인과 분리됨을 느끼게 되나, 노숙인센터의 인문학과정을 통해 노숙인 체험을 오히려 자기 성장을 향한 도전으로 변형시키고 있다. 참여자 5는 정리 해고 이후 최선을 다해 살고자 했으나 빚에 눌려 노숙생활로 접어든 과정을 가치화하였다. 노숙인 거리조사반에 의해 무임으로 잘 곳을 잃어 세상으로부터 단절되어가나 새벽 인력시장을 찾아 나섬으로서 노숙생활에서 벗어나고자 분투노력하는 강화성을 보여주고 있다.

청년기에 시작된 거리노숙인의 힘겨운 시기에 대한 체험의 발견적 해석의 결과는 1) 일을 해도 빈곤함(근로빈곤), 2) 경제적 빈곤으로 가족이 해체되어 노숙인이 됨, 3) 사회적 낙인과 단절에서 벗어나고자 자활을 향해 분투노력함이라는 세 개의 핵심개념으로 추출되었다. 세 개의 핵심개념은 '일을 하지만 경제적 빈곤으로 인한 가족해체로 노숙인이 되어 사회적 낙인과 배제를 경험하나 자활을 행해 분투노력하는 과정이다'라는 하나의 구조로 나타났다.

추출된 구조를 생생한 경험의 구조로 전환시키면 '청년기에 시작된 거리노숙인의 힘겨운 시기에 대한 체험은 불안한 미래에 대한 절망과 두려움 가운데 도전과 기회를 기다리며 잠재적인 독립의지를 발휘하는 과정이다'로 정리되었다. 위의 발견적 해석의 결과인 세 개의 핵심 개념을 구조적으로 전환시켜 개념적으로 통합시키면 다음과 같이 정리될 수 있다.

첫째, 청년기에 시작된 거리노숙인의 힘겨운 시기에 대한 체험은 사회에서 성실하게 일을 해도 근로빈곤에서 벗어나기 힘들다는 가치화를 드러내었다. 임금은 시장에 의해 결정되는 것이기에 경쟁 시장에 관대함을 기대하는 것은 불가능할 것이다. 참여자들에게 '근면이 빈곤을 해결해 준다'는 논리는 보장되지 않는 '미래의 불안감'과 무기력감만 느끼게 할 뿐이었다. 빈곤에서 벗어나 안심하고 살 수 있기 위해서는 적어도 숙달된 기능, 충분한 초임 급여, 승진 가능성 있는 직업 등 안정된 일터를 갖추어야 한다. 허나 본 연구 참여자들은 청소년기부터 영세한 가정 사업을 돕거나 막노동, 아르바이트와 같은 저임금의 파트타임, 구조조정 이후 시작한 사업으로 감당할 수 없는 빚을 지게 되니 빈곤의 울타리를 벗어나기 어려웠음을 알 수 있었다.

둘째, 청년기에 시작된 거리노숙인의 힘겨운 시기에 대한 체험은 경제적 빈곤과 가족유대감 약화로 결국 가족이 해체되어 거리노숙인이 되었다는 점이다. 참여자들에게 심리적으로, 경제적으로 안정된 가족적 배경이 구축되지 못했었다. 빈곤은 결국 가족 간의 유대를 약화시켜 가출이나 쫓아냄으로 가족 구성원 간의 배제를 체험하게 한다는 점을 보여주었다. 결국 참여자들은 가족으로부터 단절되어 쪽방, 만화방, PC방, 고시원 등 주거 빈곤화를 체험하게 하였으며, 도시재개발 등으로 그러한 공간마저 확보하지 못할 때에 결국 20대 청년기부터 노숙생활을 하게 되는 '절망감과 두려움'을 체험하게 되었다. 청년기부터 신용불량이나 주민등록증 말소로 하루, 이틀 시작한 노숙생활은 외부자의 적절한 개입이 없었다면 결국 만성화된 노숙생활로 접어들게 되었을 것이다. 결국 장기화된 노숙생활은 삶의 의욕을 잃게 하여 다양한 질병에 걸리게 되어 스스로를 포기하게 되는 절망적인 상태에 이르게 된다는 역동적 과정을 보여주고 있다.

셋째, 청년기에 시작된 거리노숙인의 힘겨운 시기에 대한 체험은 노숙이라는 사회적 낙인과 단절에서 벗어나고자 자활을 향해 분투노력함을 보여주었다. 참여자는 주변사람들이 청년기부터 노숙생활을 하게 된 자신의 심리 내적인 갈등과 역동을 이해해주기보다 그들을 가치 없는 존재로 낙인찍음으로서 사회적으로 단절됨을 경험하게 된다. 하지만 우리 사회에서는 노숙인을 위한 거리상담(outreach) 서비스를 비롯하여 의학적, 교육적, 직업적, 심리적, 사회적 개입과 지지를 제공하였다. 연구참여자는 골수염치료를 통해 독립적 생활을 결심하게 되고, 인문학과정 수료를 통해 자기성찰을 하게 되는 변형성을 나타냈으며, 파트타임이라도 찾으려 노력하며, 자활센터에서 청년공공근로와 붕어빵을 굽는 최소 자본으로 할 수 있는 사업을 준비하고, 인력시장 노동이라도 마다하지 않게 되는 강화성(powering)을 나타내었다. 즉, 자활할 수 있는 '기회를 얻고 재도전을 통해 잠재적인 독립의지를 발휘'하게 되는 것이다.

청년기에 시작된 거리노숙인의 힘겨운 시기에 대한 체험의 통합된 구조는 노숙인이 직접 쓴 수기 <삶의 수레바퀴 속에서>라는 일부 표현을 통해 강화되어진다.

> 꿈과 현실 사이의 공간에는 오직 몸과 마음이 지친 삶의 수레바퀴 속의 내 삶의 존재를…… 외쳐야만 살아남는…… 우리는 노숙자들입니다. 바람처럼 왔다가 이슬처럼 사라지는 노숙자로 방황할 수 없기에…… 버려진 휴지조각처럼 거리를 뒹굴며 살아서는 안 됩니다. 버려진 휴지가 다시 재생되어서 향기가 나는 새로운 휴지로 탄생하듯, 내 못난 삶이 어쩔 수 없는 운명이라는 생각을 고개 너머로 던져버리고 오뚝이처럼 일어나서…… 자활의 의지로 당당한 사회인으로서의 정체성을 찾기 위해…… 노숙자의 늪에서 빠져나와야 할 것입니다.
>
> <노숙인 이00(2009. 7). 노숙인다시서기센터 월간지(http://www.homelesskr.org)에서 발췌>

노숙인의 존재를 꿈과 현실사이에서의 몸과 마음이 지쳐버린 수레바퀴에 비유하고 있다. 수레바퀴는 어떠한 조건에서도 굴러야 할 과업이 있듯 청년노숙인 역시 세상을 향해 자신의 존재를 힘껏 외쳐야 살아남을 수 있다고 청년노숙인의 삶을 가치화하고 있다. 또한 버려진 휴지조각처럼 더러운 존재로 사회적으로 배제되고 낙인찍혔던 청년노숙인이라는 못난 삶을 단절하고, 쓰임새 있는 새로운 휴지로 세상과 연결되고 싶다고 한다. 이제는 오뚝이처럼 탄력 있게 강화되고, 자활의 의지를 세워 새로운 정체성으로 거듭 태어나는 변형성으로 청년노숙인에서 벗어나 자존심 갖춘 사회인이 가능하게 되리라 희망을 갖고 있는 것이다.

그렇다면, 우리 사회에서 20대부터 거리노숙인으로 살아왔던 대상자들의 체험적 결과를 몇 가지 영역에서 논의하고자 한다.

첫째, 청년노숙인은 거리노숙 생활 이전부터 '성실하게 일을 했지만 가난에서 벗어날 수 없는 근로빈곤 상태'에 놓여 있었다. 또한 빈곤과 유대가 결핍된 가족으로부터의 탈출과 가족해체, 불안정한 고용, 재취업의 어려움, 소액의 대출금조차 갚을 수 없게 된 한 순간의 실업, 신용불량, 질병에 걸림, 사회참여를 통한 기술훈련이나 교육부족, 사회적 연계 단절로 인해 청년기의 사회 이행을 지원해줄 만한 적절한 지원서비스와 주거를 확보할 수 없었기에 노숙에 이르게 되었다. 모든 개인 및 가족에게 빈곤의 구성요소는 경제적인 것이기도 하고 심리적인 것이기도 하다. 또한 개인적인 것이면서 동시에 사회적인 것이기도 하고, 과거의 것이며 현재의 것이기도 하다. 따라서 근로빈곤의 수렁에서 빠져나올 수 있는 단일 변수는 존재하지 않는다는 점, 그래서 다양한 요인들로 이루어진 전체 구조에 손을 대어야만 한다는 점이다. 빈곤으로부터 벗어나 안심하고 살기 위해서는 일정한 조건이 갖추어질 필요가 있다. 우선 교육을 통한 숙달된 기능과 적절한 초임급여, 삶을 향한 명확한 목적의식과 강한 의지, 빚이나 질병,

중독증이 없어야 하고, 사회적 기능을 하는 제대로 된 가족과 친구 관계망, 민간이나 정부 기관으로부터의 적절한 원조도 있어야 한다. 이러한 열거조건의 어느 하나라도 결여되면 그것이 문제의 시작을 의미하는 것이다. 오늘날 우리 사회의 노숙인의 저연령화를 예방하기 위해서는 빈곤하게 살게 되는 다양한 요인들에 대해 관심을 갖고 접근할 필요가 있겠다.

둘째, 청년노숙인은 사회적 낙인과 단절에서 벗어나고 싶어 하며 실질적으로 취업의지가 있기에 자활(독립)을 향해 분투노력한다는 점이다. 이때 자활(독립)은 그들에게 심리사회적으로 탄력성을 제공할 수 있는 구성원의 지지와 연대에 기반하여 존재하고 움직이게 된다. 따라서 탄력성'은 위험상황의 영향을 수정하도록 하는 기제나 과정, 그리고 성공적으로 적응하는 발달적 과정을 이해하는 데 목적을 두고 있다. 하지만 탄력성이란 개인 혼자 형성할 수 있는 것이 아니라, 그 개인을 도우려는 주변 타인에 의해서 형성되고 발전되는 것이다. 따라서 탄력성은 오로지 개인 기질에 의한 결과가 아니라, 개인을 둘러싼 환경적 영향이 중요하게 반영된다고 볼 수 있다. 개인적인 역경에도 불구하고 협력인 타인과의 연계를 통해 삶이란 의미 있는 것이며, 결국 해결되어진다는 확신을 얻게 되는 것이다(Tedeschi and Calhoun, 1995, 1999). 연구참여자 1은 거리노숙생활로 인한 신체질병으로 인해 장애인수급자로 등록 가능하지만 젊은 연령에 수급자라는 의존적 생활을 거부하고 자활자로서의 삶을 중요하게 여겼다. 이는 연령이 젊은 노숙인일수록 신체화증상이나 대인예민성, 편집증, 강박증과 같은 부적응 증상에 덜 영향을 받는다는 점, 노숙생활 이전에 근로경험이 있었던 경우 삶에 대한 공포불안이 낮다는 점, 인지 · 정서적 기능, 자아통합기능, 가족투사, 정서적 단절, 가족퇴행을 포함하는 요인인 자아분화수준, 즉 개인이 자신의 지적 체계와 정서체계를 타인과 분리시켜 개별화를 이룰 수 있는 능력이 향상되면 청년기 노숙인의 경우에도 신체화증상, 강박증, 대인예민성, 우울증, 불안, 적대감, 공포불안, 편집증, 신경증에 덜 영향을 받게 된다는 점(이정숙 · 김성천, 2001)을 지지할 수 있다.

셋째, 청년노숙인의 역량강화를 위한 치료적 관계 형성을 강조하고자 한다. 사회복지사, 간호사, 성직자, 직업상담가, 작업치료사 등 다학제적 팀으로서 청년기 노숙인과 안정된 치료적 관계를 구축하는 것은 청년 노숙인에게 대상 관계적 측면에서 세상과의 연결을 확인시켜주는 기능을 하는 것이다. 본 텍스트로부터 연구참여자의 치료적 관계를 유추해 보면, 연구참여자 1은 성직자와의 만남을 통해 질병치료와 더불어 삶의 설계를 구축하게 되고, 연구참여자 3은 자활센터의 사회복지사와의 관계를 통해서 미래를 설계하게 되었으며, 연구참여자 4는 클레멘토스 교육과정에서 만나게 되는 사회복지사와 성직자를 통해 과거로부터 벗어나 생의 의지를 갖게 된다. 하지만 연구참여자 5는 전문가의 도움을 받기보다는 홀로 문제를 지탱하며 해결과정에 있기 때문에 노숙생활 6년째를 벗어나지 못하고 있음을 파악할 수 있다. 연구참여자 2는 국내 대학을 자퇴하고 미국유학생이었다는 학력을 강조함으로써 공포불안을 느끼면서도 당사자 홀로 어려움을 감당하려는 모습을 보여주고 있다. 따라서 원조전문가는 다학제적 관점에서 청년노숙인이 과거와 현실 그리고 미래를 통합할 수 있도록 도움을 제공해줄 수 있는 유일하면서도 중요한 인적 자원이라고 할 수 있겠다. 이유는 청년노숙인의 대부분이 청소년기에 이미 가족해체를 경험하였기 때문이다. 이에 삶의 의미를 부여해주고 부여할 수 있는 치료적 관계 형성은 청년노숙인의 신체적, 사회적, 심리적 역량강화를 지지해 줄 것이며 그들의 자립 및 자활을 촉진시키는 보호적 요인이 된다는 점, 또한 청년노숙인의 삶의 질 회복은 물리적인 주거환경의 정상화(normalization), 경제적 적응과 자활을 돕기 위한 취업 연계 서비스지원, 치유적인 관계를 통한 개인의 건강한 존재성(well-being)의 회복 등 적극적인 개입이 요구된다는 점에서 전홍규(2006), 민소영(2005)의 연구결과를 지지하고자 한다. 결과적으로 청년노숙인 문제에 대한 접근은 신체적－정신적－사회구조적 측면에서의 복합적인 역량강화가 필요하다는 점을 강조하고자 한다.

우리 사회는 급격하게 변화되고 있는 사회경제 구조로 인해 20대 청년기부터 시작된 거리노숙인이 증가하고 있으나 현재까지 사회복지 연구대상으로서는 관심영역 밖이었다고 할 수 있다. 젊기 때문에 사회적으로 대중들에게 더욱 이해될 수 없었던 청년기 거리노숙인의 체험의 의미와 구조를 드러내는 것 자체가 기존 우리 사회에서 각성하지 못했던 사회복지적 이슈가 될 수 있을 것이라 보인다. 나아가 노숙의 저연령화에 대한 예방적 차원의 접근에 의의를 두고자 한다. 본 연구자는 청년 노숙인이 어떻게 거리노숙생활을 시작하게 되었고 힘든 시기를 어떻게 견디어가는지 그 현상의 의미와 구조 변화에 관심을 가졌다. 본 연구 자료는 20대 청년기에 거리노숙을 시작하게 된 대상자들의 텍스트인 2차 자료를 중심으로 분석하면서, 청년노숙인

문제에 대한 접근은 신체적-정신적-사회구조적 측면에서의 복합적인 역량강화가 필요하다는 점을 강조하였다. 사회복지전문가들은 노숙의 저연령화를 고려하여 법적 노숙인은 아니나 미래에 성인 노숙인으로 발전될 수 있는 18세 미만의 빈곤가정, 해체가정의 가출청소년을 중심으로 그들의 노숙 현상에도 관심을 가질 필요가 있겠다. 동시에 최근 증가하고 있는 젊은 여성노숙인 및 자녀를 동반한 노숙인에 대한 연구도 적극적으로 이루어지길 바란다.

참고문헌

경향신문. (2010. 9. 6a). “고용난민 ‘버블풍괴 이후 늘어난 불안정 노동 개인 아닌 사회책임 자각 큰 성과: 당사자운동 기수 아마미야 가린’”.

김창기. (2007). 『제3의 인생(중년실직 시대의 인생법칙)』. 서울: 행복포럼.

나일등 역, 2009. 『워킹 푸어: 빈곤의 경계에서 말하다』. David K. Shipler. 2004. Workin Poor: Invisible in America』. 서울: 후마니타스.

노춘희 · 이옥자 · 이정숙 · 고명숙 역. (2007). 『인간되어감 이론으로 본 지역사회 공동체』. Rosemarie R. Parse. 1998. The human becoming school of thought (pp.35~58). 서울: 현문사.

노혜련. (2000). 「실직자가족 중 해체된 가족과 해체되지 않은 가족간의 사회심리적 특성과 욕구에 관한 비교연구」. 『한국가족복지학』 5: 155~183.

남기철. (2001). 「노숙자의 심리사회적 외상특성과 보호시설 퇴소」. 『사회복지연구』, 17, 29~63.

남기철. (2007). 「노숙인 정신건강서비스 현황과 쟁점」. 『사회복지연구』 35겨울, 313~336.

남기철. (2008). 「노숙인 개념과 공공의 인식」. 『생활과학연구』, 13, 33~44.

남기철. (2009). 「노숙인 주거지원 프로그램과 효과」. 『한국사회정책』, 15(2), 217~250.

남기철. (2010). 「홈리스복지법의 필요성」. 『한국보건사회원구원(2010) 주거취약계층의 주거안정을 위한 홈리스복지법 제정관련 정책토론회자료집』, 7~22.

다큐방송. (2010). “BBC 다큐특강: 다큐멘터리란 무엇인가?”, http://www.daqcasting.com/3296

대구노숙인상담지원센터. (2007). 『대구지역노숙인실태조사보고서』.

민소영. (2005). 「사례관리와의 치료적 관계가 정신장애 노숙인의 정신건강 외래서비스 이용에 미치는 영향에 대한 연구」. 『정신보건과 사회사업』, 19, 64~91.

우석훈 · 박권일, 2007. 『88 만원 세대 : 절망의 세대에 쓰는 희망의 경제학』. 서울: 레디앙.

임영인. (2009). 『내가 누구인지 알려주세요』. 서울: 살아보이는 창
윤일성. (2006). 「영국의 노숙자 연구: 원인과 정책을 중심으로」, 『한국인구학』, 28(1), 235~275.
전홍규. (2006). 「사회적 배제의 관점에서 본 노숙인의 거주」, 『도시와 빈곤』, 2(78), 38~66.
전병유. (2010). "고용난민 시대, 일자리 없나요? 대기업 · 정부부문 '양질의 일자리' 증대가 해답". 경향신문(2010. 8. 25.).
최은주. (2002). 「노숙인의 취업유지에 영향을 미치는 요인분석」. 숭실대학교 사회복지학과 석사논문(미간행).
정문자. (2001). 「연구와 임상에서 살펴본 한국 가족문제와 관련변인」. 『한국가족치료학회지』, 9(2), 1~34.
이정숙 · 김성천. (2001). 「노숙자 자아분화와 부적응 증상연구」. 『한국가족치료학회지』, 9(2), 52~72.
한국도시연구소. (2001a). 「거리 노숙자들의 건강 실태와 주거문제」. 『도시와 빈곤』, 49, 86~89.
한국도시연구소. (2001b). 「샌프란시스코 홈리스 연합의 노숙 당사자 운동」. 『도시와 빈곤』, 49, 66~77.
한국보건사회연구원. (1998). 『도시노숙자실태조사』.

Baumann, S. L. 2008. "Wisdom, compassion, and courage in the Wizard of Oz: A humanbecoming hermeneutic study". Nursing Science Quarterly 21(4): 322~329.
SBS. 2008.7.26. 그것이 알고 싶다. 길 위에 버려진 젊은 희망: 증가하는 청년 노숙인.
Maxwell, J. A. 1996. Qualitative Research Design: An Interactive Approach, Sage Publication.
National Resource Center on Homelessness and Mental Illness, May. 2001. Annotated Bibliography. Homeless Adolescents and Adolescent With Serious Emotional Disturbances. New York.
Parse, R. R. 1992. "Human becoming: Parse theory of nursing". Nursing Science Quarterly 5: 35~42.
Parse, R. R. 2001. Qualitative inquiry: The path of sciencing. Sudbury, MA: Jones & Bartlett.
Parse, 1996. "Building knowledge through qualitative research: The road less traveled". Nursing Science Quarterly 9: 10 – 16.
Parse, R. R. 2007. "The human becoming school of thought in 2050". Nursing Science

Quarterly 20(2): 308～311.

Parse, R. R. 2010. Human Dignity: "A humanbecoming ethical phenomenon". Nursing Science Quarterly 23(3): 257～262.

Statistics Korea. 2010. Economically active population survey in February 2010, http://www.kostat.go.kr

Tedeschi, R., and Lawrence G. Calhoun. 1995. Trauma & transformation: Growing in the aftermath of suffering, Thousand Oaks, CA: Sage.

Tedeschi, R., and Lawrence G. Calhoun. 1999. Facilitating posttraumatic growth: A clinician's guide, Mahwah, NJ: Lawrence Erlbaum Associates, Publishers.

Willig, C., and Wendy Stainton Rogers. 2008. The SAGE handbook of qualitative research in psychology. Thousand Oaks, CA: Sage Publications.

Whitbeck, L. B. 2009. Mental health and emerging adulthood among homeless young people. New York: Psychology Press.

김현경

이화여자대학교 사회복지학과 임상실천전공으로 박사학위 취득(2007)
서울시남부지방법원 가사조정위원
한국가족사회복지학회 학술분과위원
이화사회복지연구회 학술분과위원
한국사회복지질적연구학회 학술분과위원
구립 은빛나무어린이집 운영위원장
인천 YWCA 삼산종합사회복지관 북한이탈주민지원사업 자문위원
현) 호원대학교 사회복지학과 조교수

「난민으로서의 새터민의 외상(trauma)회복 경험에 대한 현상학 연구」(박사논문, 2007)
「북한이탈주민의 고문으로 인한 외상 후 충격에 영향을 미치는 요인」(2010)
「남북한 이문화 부부의 적응에 관한 연구: 남한주민과 결혼한 북한출신 배우자의 부부적응에 대한 인식을 중심으로」(2010)
「현상학으로 바라본 새터민(탈북이주자)의 심리적 충격과 회복경험」(2009)

『통일 실험, 그 7년』(2010, 공동)
『이주 난민의 정신건강과 상담』(2009, 공동)
『북한이탈주민사회복지실천론』(2008, 공동)
『A Phenomenological Study of the experience for North Korean Refugees(Nursing Science Quarterly, Sage Publication)』(2009, 공동)

「Lived experience of overcoming migratory loss among North Korean refugee women who got married to South Korean man」(2008. The 20th ISSBD Biennial Meeting, University of WÜrzburg in Germany, 공동)
「Lived Experience of Psychological Trauma for North Korean refugees in the South: Applied to Parse's Human Becoming Research Methodology」(Eulji 2010 International Nursing Conference, Creative Nursing Innovation for Excellence in Health Care, 공동)

영화와 다큐로 이해하는 사회복지 이슈들

초판인쇄 | 2011년 5월 31일
초판발행 | 2011년 5월 31일

지 은 이 | 김현경
펴 낸 이 | 채종준
펴 낸 곳 | 한국학술정보㈜
주 소 | 경기도 파주시 교하읍 문발리 파주출판문화정보산업단지 513-5
전 화 | 031) 908-3181(대표)
팩 스 | 031) 908-3189
홈페이지 | http://ebook.kstudy.com
E-mail | 출판사업부 publish@kstudy.com
등 록 | 제일산-115호(2000. 6. 19)

ISBN 978-89-268-2268-5 93330 (Paper Book)
978-89-268-2269-2 98330 (e-Book)

〈호원대학교 교내연구비 지원 받음〉

이담Books는 한국학술정보(주)의 지식실용서 브랜드입니다.

이 책은 한국학술정보(주)와 저작자의 지적 재산으로서 무단 전재와 복제를 금합니다.
책에 대한 더 나은 생각, 끊임없는 고민, 독자를 생각하는 마음으로 보다 좋은 책을 만들어갑니다.